先秦至隋唐"将"字句研究

段 逴 著

南开大学出版社

天 津

图书在版编目(CIP)数据

先秦至隋唐"将"字句研究 / 段逐著. —天津：
南开大学出版社，2020.8
ISBN 978-7-310-05917-1

Ⅰ.①先… Ⅱ.①段… Ⅲ.①古汉语－句法－研究－
先秦时代－隋唐时代 Ⅳ.①H141

中国版本图书馆 CIP 数据核字(2019)第 283785 号

先秦至隋唐"将"字句研究
XIANQIN ZHI SUITANG "JIANG"ZIJU YANJIU

南开大学出版社出版发行
出版人：陈 敬
地址：天津市南开区卫津路 94 号 邮政编码：300071
营销部电话：(022)23508339 营销部传真：(022)23508542
http://www.nkup.com.cn

天津泰宇印务有限公司印刷 全国各地新华书店经销
2020 年 8 月第 1 版 2020 年 8 月第 1 次印刷
230×170 毫米 16 开本 12.5 印张 214 千字
定价：50.00 元

如遇图书印装质量问题，请与本社营销部联系调换，电话：(022)23507125

前　言

　　本书在我的博士论文基础上修改而成，是有关先秦至隋唐"将"字句的历时研究。从论文的选题、收集相关文献与语料、阅读与研究，直至完成本书的写作与修改，前前后后，历经六年之久。由于本研究所牵涉学术问题的艰巨性与复杂性，能够坚持下来并顺利通过，需要克服方方面面与学术相关的许多困难是不言而喻的。在此，我衷心感谢我的家人对我的默默奉献和支持；衷心感谢我的导师朱瑞平先生在论文选题、语料范围、学术范畴、学术规范等方面对我的严格要求和认真把关；衷心感谢我的专业导师丁崇明先生，他耐心地审读我的论文，纠正学术错误，指出改进方向，尤其在具体的语法问题上对我帮助很大；衷心感谢赵金铭、张和生、陈绂、王若江等老师给我提出的具体建议，帮助我进一步思考相关问题并改进论文的写作；衷心感谢我的同学姜晓、马思宇、李文燊等，在资料收集、论文规范、学术观点、研究方法等方面为我提供了值得借鉴的建设性意见及其他帮助。

　　虽然我的博士论文是在本人长期坚持、不懈努力的基础上完成的，同时得到了我的家人、导师与同学们的大力支持与帮助，但论文可能存在的错误与不足之处仍然难以避免，本人对此负有全部责任。

段遐

于克拉克森大学

2019 年 11 月

摘　要

　　通过追寻"将"的先秦词义与先秦至隋唐新型"将"字句的语义之间的关联，本书对"将"的词义演变方式与各种"将"字句结构的形成之间的关系进行了全面考察与历时研究。在此基础上，本书对隋唐时期各类新型"将"字句的语义范围、结构特点与句式分类，各类"将"字句相互之间以及"将"字句与"把"字句的关系等，进行了系统研究，并尝试在大量语料呈现的语言现象的基础上概括出新的理论观点。

　　根据《毛传》，"将"在《诗经》中使用时，具有词义众多、依文为义、使动用法的特点。本书以《毛传》为圭臬，把"将"在《诗经》中做使动用法的词义与词性概括为广义的使役义动词。在先秦文献中，"将"的词义已开始用词析法与句析法两种方式进行演变。但在汉朝至南北朝的主要典籍中，除了个别例外，"将"在《诗经》中的广义使役义几乎消失了近千年。

　　"将"在《左传》中的词义与用法与《诗经》中不同，主要为简单及物动词，并保留了具有狭义使役义的少数例句。汉朝至南北朝的《史记》《汉书》到《世说新语》中，"将"的词义与用法继承的是《左传》的简单及物动词传统，并以句析法解析并重新表达"将"的狭义使役义，形成了连谓使役式"将"字句。而且，在南北朝的诗歌中，出现了以词析法表达"将"的狭义使役义的"将"后置处置式例句。

　　隋唐期间开科取士，由于《诗经》作为科举考试的经典以及诗赋作为进士必考文体，"将"在《诗经》中的使动用法与广义使役义在《全唐诗》中全面复活；在此基础上，隋唐诗人们分别用句析法与词析法去解析并重新表达"将"的先秦古义，在《全唐诗》中形成了致使式"将"字句、"将"前置处置式与"将"后置处置式等新型"将"字句。这些新型"将"字句的语义均与"将"在《诗经》等先秦文献中的词义相同，为广义使役义。

　　致使式"将"字句为典型的连动式使役句，其语句结构是对前期连谓使役式"将"字句的继承，但在语义上从狭义的使役义扩充为广义的使役义。相对先秦古义而言，致使式"将"字句中"将"的词义弱化了，但仍为以"致使"为词义的动词。

通过《全唐诗》中的大量致使式与处置式两可的"将"字句,致使式"将"字句逐渐演变为"将"前置处置式,形成了新的语句结构,并导致了"将"的词义的虚化。"将"前置处置式的语句结构与现代处置式"把"字句的语句结构完全一致。

"将"后置处置式是用传统的词析法,在前期"将"字句的各种不同语句结构的基础上,解析并重新表述"将"的广义使役义所形成的处置式。"将"后置处置式与"将"前置处置式语义来源相同,但"将"的词义演变的方式不同,语句结构也完全不同。词析法会导致"将"的词义弱化或虚化,但不改变语句结构,因此,"将"后置处置式具有多种语句结构。

隋唐时期的各类新型"将"字句与"把"字句,在《全唐诗》中产生、发展并走向成熟,然后向《全隋唐五代文》中缓慢地逐渐扩散。

《全唐诗》中的处置式"把"字句,即"把"替代了"将"的"将"前置处置式"将"字句。需要"把"来替代"将",是由于律诗对平仄的严格要求;而"把"能够替代"将",则受到多种因素的影响,如"把"的词义的抽象化,"将"前置处置式已先于处置式"把"字句存在,存在着与"将"前置处置式相同结构的宾语格"把"字句,存在着"把"与"将"在各种结构相同的"把"字句、"将"字句(如工具式、连谓使役式)中因词义接近等因素可以相互替代的示范效应等。《全隋唐五代文》的散文体中没有发现处置式"把"字句。

ABSTRACT

This doctoral research represents a systematic investigation of the links between the meaning of "Jiang（将）" in pre-Qin and the semantics of new types of "Jiang" construction in the Sui-Tang dynasties; the relationship between evolutionary patterns of the meaning of "jiang" and the formalization of different structures of "Jiang" construction; the semantic scopes, structural features, classifications of sentence structure of different kinds of new "Jiang" construction in the Sui-Tang dynasties; the interrelationship of different kinds of "Jiang" construction and the relationship between "Jiang" construction and "Ba(把)" construction. This research generalized new theoretical conclusions from the language phenomena emerged in a large number of the related corpus.

Based on Mao Zhuan, "Jiang" has had numerous meanings, based on context and causative usage as it was used in the The Book of Songs. Following the criteria of Mao Zhuan, this dissertation summarizes the meaning and part of speech of "Jiang" as a general causative verb when used in the way of causative usage in The Book of Songs. In pre-Qin literature, the meaning of "Jiang" started to evolve in two ways: "lexical analytics" and "constructional analytics" However, with only a few exceptions, the general causative meaning of "Jiang" in The Book of Songs disappeared for almost a thousand years in the literature of the Han to the Northern and Southern dynasties.

In Records of the Grand Historian, Han Shu and Shi Shuo Xin Yu of the periods from Han to Northern and Southern dynasties, the meaning and usage of "Jiang" inherited the tradition of simple transitive verb in Zuo Zhuan. During the same period, conjunction predicate causative "Jiang" construction had been formed by analyzing and re-expressing the narrow causative meaning of "Jiang" with the method of "constructional analytics". In some poems of Northern and Southern dynasties, there also occurred some verses of postposition "Jiang" disposal construction in analyzing and re-expressing the narrow causative sense of "Jiang" with the method of "lexical analytics".

Starting with the Sui-Tang dynasties, there developed a system of enlisting talents through the old civil service examinations in which The Book of Songs was a subject of examination and poetry was a literary style on the writing test, thus causative usage and general causative meaning of "Jiang" in The Book of Songs revived completely in All Tang Poetry. Different new kinds of "Jiang" construction such as causative "Jiang" construction, preposition "Jiang" disposal construction and postposition "Jiang" disposal construction developed in All Tang Poetry as poets of Sui-Tang dynasties analyzed and re-expressed the pre-Qin archaic meaning of "Jiang" by using the methods of "lexical analytics" and "constructional analytics" separately. The semantics of these new types of "Jiang" construction were general causative, a sense that was the same as the word meaning of "Jiang" in The Book of Songs and other pre-Qin literatures.

Causative "Jiang" construction is a typical causative serial verb construction which inherited the sentence structure of conjunction predicate causative "Jiang" construction and expanded its semantics from narrow causative to general causative. "Jiang" in its causative construction is still a verb even though its meaning is weaker than the pre-Qin archaic meaning of "Jiang".

Through All Tang Poetty, "Jiang" construction is used as both causative and disposal construction will do, causative "Jiang" construction eventually evolved into the preposition "Jiang" disposal construction, which formed the structure of the modern disposal "Ba" construction and resulted the meaning emptiness of meaning in "Jiang".

Postposition "Jiang" disposal construction is formed by analyzing and re-expressing the general causative meaning of "Jiang" with traditional methods of "lexical analytics" on the basis of different sentence structures of "Jiang" construction from previous periods. The sematic source is the same for both preposition and postposition "Jiang" disposal constructions, but the methods of word meaning evolution and sentence structures are different for the two disposal constructions. The method of "lexical analytics" led to weakness or emptiness of the meaning of "Jiang" but did not lead to a change in sentence structure, thus postposition "Jiang" disposal construction has multiple sentence structures.

Disposal "Ba" construction in All Tang Poetry is actually a version of preposition "Jiang" disposal construction in which "Jiang" is substituted by "Ba". The substitutional necessity of "Jiang" by "Ba" is due to the strict requirement of "level and oblique tones" rules and forms of classical poetic composition; and the substitutional capability of "Jiang" by "Ba's" is affected by multiple factors, such as abstracting of "Ba" meaning, the existence of preposition "Jiang" disposal construction before disposal "Ba" construction, the existence of the objective case "Ba" construction with the same sentence structure of preposition "Jiang" disposal construction, the demonstration effects of substitution for each other due to approximate word meaning between "Ba" construction and "Jiang" construction with the same sentence structures, such as tool construction and conjunction predicate causative construction. We have not found any example of disposal "Ba" construction in All Sui Tang Wu Dai Prose.

目 录

第一章 引 言

第一节 本书研究主题、内容与意义

本书的研究主题是有关先秦至隋唐时期的"将"字句。

研究内容主要包括:"将"在先秦文献中的词义,"将"的词义自先秦至隋唐前的演变方式与轨迹,"将"的词义与演变方式与隋唐时期各种"将"字句在语义、结构、种类、句式等方面的联系。

在通读大量的先秦至隋唐经典文献的基础上,通过对相关语料所呈现的语言现象进行数量统计、分析综合以及理论抽象,在以下几个方面的研究取得了一定的进展,隋唐时期出现的新型"将"字句的使役语义与"将"在先秦文献中的使役词义之间的关系,《诗经》中"将"做使动用法的语句向《全唐诗》中各类使役义"将"字句演变的具体构句方式,新型"将"字句在隋唐期间突然涌现的语言现象与科举制在隋唐时期产生与发展的关系,隋唐后期为何出现了"把"字句对"将"字句的替代现象,隋唐时期新型的"将"字句为何是从《全唐诗》中产生然后向《隋唐五代文》扩散等,本书将试图提出一些新的观点以及相应的理由与佐证。

对先秦至隋唐"将"字句的研究,将使我们对现代汉语"把"字句研究中有关"把"的词性、"把"字句的语义与结构等方面具有新的、更加深入与全面的理解。

第二节 有关"将"字句的国内外研究综述

学术界缺乏专门针对"将"字句的理论解说和实例研究,有关"将"字句的研究均囊括在"把"字句的研究中。其原因在于,第一,在现代汉语中,"把"字句也就是"将"字句,在词义、语义与语句结构上均无区别,只是一个用"把",一个用"将",故学者们就不区分"将"字句与"把"字句,而

是把"将"字句与"把"字句的例句混同在一起进行研究；第二，在现代汉语中，"把"字句基本上取代了"将"字句，学术界把"将"字句与"把"字句统称为"把"字句。由于以上原因，我们有关"将"字句研究的综述就只能建立在学术界称为"把"字句研究的相关文献上。或者说，在现代汉语中，有关"将"字句的综述就是有关"把"字句的综述（下面不再说明）。反之亦然，我们在例句上也不区别"将"字句与"把"字句，而且以"把"字句为主，但兼有"将"字句。

一、现代汉语中的"将"字句以及相关理论解说

前面提及，在现代汉语中，"把"字句已基本取代了"将"字句，因此，现代学者的相关研究，都是围绕"把"字句而进行的。有关"把"字句的研究主要有以下几个角度。

（一）"把"的词性、功能以及"把"字句的语义等

就"把"的词性、功能以及"把"字句与其他语句的关系而言，主要有黎锦熙（1924）的"提宾说"与朱德熙（2005）的"引出受事说"。"提宾说"与"引出受事说"都认为"把"为介词，但"提宾说"认为，"把"的语法功能为提宾，"把"的提宾功能是建立在主动宾语句的基础上的；而"引出受事说"认为，"把"字句的结构与受事主语句联系更加紧密，"把"的语法功能为引出受事。

王力提出"把"字句为处置式的说法。而赵元任却认为，"把"字句中的"把"为连动句中的前动词，并对"把"字句为处置式的说法表示质疑。

1. 黎锦熙的"提宾说"

黎锦熙最早提出"把"为介词、其功能为提宾的看法，即"把"字的语法作用在于把动词后的宾语提前。黎锦熙的这一看法得到了许多学者的认同（祝敏彻，1992；李临定，1984；蒋绍愚，1997）。因此，在后期学者的研究中，"把"字句被看作"主动宾"句的变式：

（1$_a$）把粮食往南边运。往南边运粮食。

（2）风把帽子吹掉了。风吹掉了帽子。

（3）我把杯子打破了。我打破了杯子。

（4）我把书读完了。我读完了书。

2. 朱德熙的"引出受事说"

不过，存在着大量的"把"字句，并不能还原为"主动宾"句式，如下

面的例句（5）、例句（6）。这样的语句中，去掉"把"字，剩下的部分就是
受事主语句。朱德熙认为，跟"把"字句关系更密切的是受事主语句，他认
为"把"字的作用在于引出受事：

（1ₐ）把粮食往南边运。粮食往南边运。

（5）把铁箱子放在下头。铁箱子放在下头。

（6）把壁炉生上火。壁炉生上火。

（7）把一个南京城走了大半个。一个南京城走了大半个。

3. 王力的"处置式"与"把"字句的语义

王力认为，从形式上说，"把"字句是用介词"把"字把宾语提到动词的
前面；从意义上说，"把"字句中的动词为一种有目的的处置行为，或者说，
"把"字句的语义为处置义，故"把"字句又常称为"处置式"（关于"把"
字句语义的讨论可参看宋玉柱，1981；张旺熹，1991；吕文华，1994；崔希
亮，1995；沈阳，1997；金立鑫，1997；张伯江，2000，等）。

就现代汉语来说，大多数"把"字句的语义为处置义，明清小说中也有
许多处置式"把"字句，例如：

（8）林冲把陆虞候家打得粉碎。（《水浒传》第七回）

（9）杨志先把弓虚扯一扯。（《水浒传》第十三回）

（10）把众人都留在庄上。（《水浒传》第四十回）

（11）你把那穿衣镜的套子放下来。（《红楼梦》第五十一回）

不过，现代汉语中也有许多不是处置式的"把"字句，如例句（2）、例
句（7）。

4. 赵元任有关"把"为连动式中的前动词的说法

赵元任（2002）对"把"字句为处置式的说法表示了质疑。赵元任认为，
"把"字句在句法结构上属于连动式，"把"字作为连动式中的第一动词，"是
一个前及物动词，它的宾语一般是第二动词的受者"。作为前及物动词，"把"
字的本义已经剩不下什么了。他举出了这样两个例子：

（12）把那首诗全忘了。

（13）把一身的筋肉全放松下来。

赵元任认为，在例句（13）中，"把"字后动词的含义甚至与"把"字的
含义相反。而且，例句（12）也不能归于处置式。不过，赵元任没有对"把"
字在"把"字句中的实际含义给出进一步的解释。

席留生（2008）亦认为，在"把"字句中，"把"字是动词，他认为"把"
的含义为掌控。

(二)"把"字句中的致使式

学术界一般认为,现代汉语的"把"字句中,虽然以处置式为主,但存在另外两种不同的句式——致使式与感知式。因感知式应用很少,争议不多,此处略去不论。

黎锦熙在《新著国语文法》一书中,首先注意到"把"字句中存在致使式语句,例如:

(14)每日骑着这个驴,上县下乡,跑得昏头昏脑,打紧又被这瞎眼的忘八在路上打个前失,把我跌了下来,跌得腰胯生疼。(《儒林外史》)

在上面的例子中,"把"字明显具有致使、导致的含义,是动词,不是介词,此一例句显然也不能由王力的处置说来解释。因语句中的"把"字一般具有动词致使的含义,这类语句被称为致使义"把"字句。

兰宾汉(1992)将"把"字句分为受事"把"字句与施事"把"字句,他认为施事"把"字句为现代汉语中一种口语化的新"把"字句,例如:

(15)那些衣服把他洗得直不起腰来。

(16)那班学生把王老师教得心灰意冷。

(17)这破板凳把人坐得屁股疼。

其实,兰宾汉所言施事"把"字句,只是致使式"把"字句中的一种,致使式"把"字句的"把"后宾语本来就是后面动词的施事。在例句(15)至(17)中,"把"仍然具有致使的含义,"把"前的施事是"把"后的受事发生某种状态变化的原因,如例句(17)的语义,不只是说"人坐得屁股疼",而是说板凳"破",使"人坐得屁股疼"。

致使式"把"字句为具有使役语义的连动句(详细分析见第五章),"把"连接的动词一般为不及物动词。吕叔湘(1984)将用不及物动词表示心理活动的"把"字句从致使式中划分出来,理由是:可以给表示心理活动的不及物动词"一种'致动'的意义,就变成及物了"。吕叔湘引用的一个例句与例句(15)至(17)类似:

(18)(这酒)把个沙龙喝得酩酊大醉。

本书第五章从判断使役句多种标准的角度,说明吕叔湘讨论的这类"把"字句仍属于致使式。相关分析也适用于兰宾汉所言施事"把"字句。

与其他学者把致使式看作"把"字句中的一种相对少见的类型不同,薛凤生(1987)将"把"字句中的各种语句类型统一归类于致使式(有关致使式"把"字句的讨论可参看范晓,1998;叶向阳,2004;邵敬敏、赵春利,2005)。

薛凤生用公式"A 把 B+VP"来表示"把"字句,"A 和 B 都代表一个名词性语段,VP 则代表动词性语段"。

薛凤生用四个定性来定义"把"字句:

定性 1,"把"字句的"把"只能是一个单一的语素。

定性 2,"把"字句中的 VP 必须是一个说明由于某一行动而造成 B 的某一状态的描述语段。

定性 3,"把"字句中的 B 必须是句子的首要主题。

定性 4,"把"字句中的 A 只能是句子的次要主题。

根据以上四个定性,薛凤生把处置式、致使式统一在"把"字句的定义里,认为称作"'导致式',也许更有概括性"。

根据定性 2,他把下面"VP 不是描述性"的语句排除在"把"字句之外,例如:

(19)手把茱萸仔细看。(《全唐诗》)

(20)我手持钢鞭将他打。(《阿 Q 正传》)

(三)对"把"字句的理论解说的简要评述

从之前的概述可知,有关"把"的词性、功能,"把"字句与其他语句的关系,"把"字句的语义,"把"字句的类型划分等方面,相关学者之间存在很大分歧。产生这些分歧的一个主要原因是,有关"把"字句的各种解说主要是建立在对现代汉语中"把"字句研究的基础之上,而不是建立在对"将"字句("把"字句的前身)演变的历时语言现象研究的基础上。通过追溯"将"在先秦文献中的词义,追踪"将"的词义自先秦至隋唐各个历史时期的演变轨迹,及其与各种"将"字句结构的形成之间的关系,我们对现代"把"字句的相关问题将会有更加清晰的认识。

根据本书有关"将"的词义演变与"将"字句结构形成的历时语言现象的研究,我们将在之后章节中,分别对"把"字句的相关问题提出新的看法。

二、"将"字句的来源

从史料上看,"将"字句与"把"字句先后产生于七八世纪的隋唐时期。

有关现代处置式"将"字句或"把"字句的来源,学术界主要有以下两种解释:一是"将"或"把"在宾语相同的宾格格式中的语法化(祝敏彻,1957;A.贝罗贝,1989);二是"将"或"把"在所谓语法化环境或某种连动句中的语法化(石毓智,2006;张丽丽,2001)。另外还有两种解释:一是受阿尔泰语的影响（M. Hashimoto,1976; A. Hashimoto,1975），其根据是，在阿尔泰语的语句结构中，宾语在动词之前；二是来自"以"字的类化（Bennett,1981；吴福祥，1996）或对"以"字的替代（梅祖麟，1990）。因在阿尔泰语的语句结构中，虚词的位置与"将""把"在"将""把"字句中的位置并不一样，而隋唐之前文献中的"以"字连动句只是少数例句，并不成为某种句式，后两种说法在义理上很难自圆其说，本节主要讨论前两种解释。

蒋绍愚（1999）认为，元时期致使式"把"字句的来源有两个，一是使动用法，二是工具式（有关元时期致使式"把"字句及其来源的相关讨论，可参见刁晏斌，1986；蒋冀骋、吴福祥，1997；吴福祥，2003）。

（一）"将"在"将"作动词的宾语格连动句的语法化

祝敏彻（1957）首先提出，"将"字句或"把"字句来源于"将"或"把"在宾语相同的连动句中的逐渐虚化，存在着两种有"将"字的连动句式：

句式1：主语+动$_1$+宾$_1$+动$_2$+宾$_2$

宾$_1$为动$_1$的宾语，宾$_2$为动$_2$的宾语，动$_1$为"把"或"将"。此结构产生了"将"由动词虚化为介词的工具格格式。例如：

（21）越女作桂舟，还将桂为楫。（王昌龄《越女》）

句式2：主语+动$_1$+宾+动$_2$

此处"宾"同时是动$_1$（"将"）和动$_2$的宾语，故动$_2$后宾语省略。祝敏彻认为，在上面的连动句中，动$_1$与动$_2$是偏正关系，动$_2$起的作用比动$_1$较大，因而动$_1$逐渐虚化，由此产生了"将"由动词虚化为介词的连动句，即近现代汉语中的"把"字句。例如：

（22）孙子将一鸭私用。（《太平广记·朝野佥载》）

（23）忽有人将书帖就公求售，阅之，乃借船帖也。（《尚书故实》）

而A.贝罗贝认为，上述两个古时的连动结构（工具格与宾语格）中的动$_1$与动$_2$之间的关系是并列联合的。他认为，"把"字句的形成先有"共时的变化"，主+动$_1$"把"（"将"）+宾$_1$+动$_2$+宾$_2$→主+动$_1$"把"（"将"）+宾+动$_2$，条件是宾$_2$=宾$_1$；然后"历时的变化"才发生，通过语法化的过程，动词"把"变成介词"把"：主+动$_1$"把"（或"将"）+宾+动$_2$>主+介"把"（或"将"）+宾+动。

（二）关于处置式在某一词义的语法环境或连动句中的语法化

石毓智在《语法化的动因与机制》一书中探讨了处置式的产生与发展，以及同为处置式的"将"字句与"把"字句在历史上的竞争。石毓智区别了

"将"字与"把"字的动词本义，提出了处置式产生的语法环境，并将处置式的产生、演变、发展的历史描述为"将"和"把"在语法环境中语法化（即由实变虚）形成处置式的过程。

石毓智认为，"将"字的核心意义是"带来客体的位移"，处置式的产生类似于现代"把"字句的某种语句结构，而处置式产生的最主要的语法环境为：

将 + 名词词组 +（趋向动词）+ 动词词组

他解释说，其中的"将"是带有方向性的具体动作行为，把名词词组所指物体从他处移到实施者这里，同时名词词组也是动词词组的受事。

张丽丽则认为，处置式是"将"的词义从率领义动词逐渐演变为执持义动词并在连动结构中虚化而来的。

（三）致使式"把"字句与使动用法以及工具式

蒋绍愚把《元曲选》中的致使式"把"字句分为 A、B 两类。他认为，A 类来自致使式中动词词组可作使动用法的主动宾例句，而 B 类致使式因语句中动词短语不可做使动用法。蒋绍愚认为，这类致使式"把"字句都是从工具式与致使式两可的语句转化而来的。例句：

A 类致使式：

（24）多不到半合儿把我来傒幸杀。（《合汗衫》）

（25）把那毡帘来低簌。（《渔樵记》）

B 类致使式：

（26）你把你那女儿改嫁了我罢。（《秋胡戏妻》）

（27）枉把这幽魂陷房城。（《昊天塔》）

三、有关"将"字句来源的理论解释的评述

下面从几个方面对有关"将"字句产生的几种主要理论解释提出质疑与简要评说。

（一）被遮蔽的"将"的先秦词义与隋唐"将"字句的语义之间的联系

"将"在先秦文献中的词义主要体现在《诗经》中，根据《毛传》，"将"在《诗经》中为使动用法，而使动用法的词义与隋唐"将"字句的语义相同，都是使役义，但这一紧密联系一直处于遮蔽状态。造成这种遮蔽状态有以下几个原因：

第一，把先秦文献中的"将"看作简单的及物动词。

　　"将"在先秦文献中作及物动词使用，几乎是相关学者的一致看法，但没有学者把"将"在先秦中作及物动词的用法和词义与普通及物动词区别开来。如祝敏彻（1957）指出，"将"在先秦就在词义"持""送""助""领"上做动词使用。此处"持""送""助""领"都是普通的及物动词。

　　把"将"在先秦文献中的动词用法与词义看作普通及物动词，主要源自《郑笺》对"将"在《诗经》中词义的注释。

　　根据《毛传》，"将"在《诗经》中的使用与词义具有词义特多、依文为义以及使动用法的特点，隋唐"将"字句的语义就建立在《毛传》对"将"在《诗经》中词义注释的基础之上。

　　第二，对"将"的词义与隋唐"将"字句中的语义之间的联系缺乏考证。

　　石毓智认为，"将/把"是在具有导致某一客体位移的动词词义的语法环境连动句中语法化的。而张丽丽则认为，处置式是"将"的词义从率领义动词逐渐演变为执持义动词并在连动句中虚化而来的。

　　本书将石毓智与张丽丽论及的"将"的词义归于狭义的使役义范围之内（狭义的使役义定义见第三章）。根据"将"的词义与"将"字句的语义之间的联系，以及石毓智与张丽丽关于"将"的词义与"将/把"字句关系的认定，隋唐之前的"将"前置处置式（现代"把"字句的前身）理应具有导致客体位移的语义。然而，恰恰相反，隋唐期间产生了数以百计的"将"前置处置式的例句，却没有一个例句的语义可以确定为狭义的使役义。也就是说，隋唐期间的"将"前置处置式（包括"把"字句）是与石毓智、张丽丽所言及的"将"的词义缺乏关联的（详见第六章）。

　　隋唐五代期间，"将"的狭义使役义（包括石毓智与张丽丽所言及的"将"的词义）是由现在已经消失的另一种处置式"将"后置处置式继承的（详见第七章）。

（二）理论解释建立在个别例句的基础上

　　本书认为，隋唐期间的"将"字句产生于《全唐诗》，而后逐渐向隋唐五代的俗文学与史书中扩散（第八章）。

　　就"将/把"字句产生于"将"或"把"在宾语相同的宾语格连动句中的语法化而言（祝敏彻，1992；A. 贝罗贝，1989），我们理应在《全唐诗》中发现"将"作动词的宾语格连动句，但《全唐诗》中有 349 个"将"前置处置式例句，却只有 3 个"将"作动词的宾语格连动句（详见第八章）。《隋唐五代文》中，除了祝敏彻引用的 2 个例句，《旧唐书》中还有 1 个类似例句：

（28）每钱货得私铸恶者五文，假托官钱，将入京私用。（《旧唐书》）

再有，隋唐五代俗文学中还有十余个扩充了石毓智所定义的语法环境例句，可归于宾语格连动句（详见第八章）。例如：

（29）弟子是北人，将少许蚕种来卖，历寺纵观，幸遇禅师。（《书断列传》）

（30）即自北院将榜就南院张挂之。（《唐摭言》）

就"将"字句产生于"将"在其具有使客体位移的特殊词义的语法环境语句中语法化而言（石毓智，2006），《全唐诗》中仅有 1 个石毓智定义的语法环境语句；如果扩充石毓智的定义，可有 7 个，《敦煌文集新书》中有 2 个，以及隋唐五代俗文学中还有另外的那十余个例句。

"将"在宾语格连动句中或在语法环境语句中语法化的解释，就建立在《全唐诗》中语义狭窄的个别例句或隋唐五代时期文献中加总不到 20 个例句的基础上。而同时期的"将"前置处置式不仅例句众多（《全唐诗》中有 349 个），且表达方式也已经成熟，具有现代"把"字句的大多数句式（这表明语义十分广泛，详见第六章）。因此，"将"在宾语格连动句中或在语法环境语句中语法化的解释是缺乏语料支持及说服力的。石毓智所言语法环境语句只是《全唐诗》中表达狭义使役义的 4 种句式中例句最少、最为罕见的一种（详见第八章）。

现代语料库与网络的发展为学者们收集文献与检索语料提供了极大方便，使得本书作者有可能在大量语料呈现的语言现象基础上，进一步探索与研究"将"字句与"把"字句的来源问题，并概括出新的结论。

（三）"将""把"的独立演变或"将""把"不分

就"将"字句与"把"字句的关系而言，学术界有两个共识，其一，除了一个用"将"、一个用"把"，"将""把"字句在语义、结构等方面，均无区别；其二，"将"字句产生在前，"把"字句产生在后。

有关"将"字句与"把"字句的来源，一种观点认为，"将""把"字句是分别在某种语句结构中独立虚化的；另一种观点则把"将""把"在"将""把"字句中的虚化混为一谈。

祝敏彻认为，"将""把"是分别在宾语相同的连动句中先后独立虚化的。

蒋绍愚认为，B 类致使式"把"字句是从工具式与致使式两可的语句转化而来的，不过，他举出的隋唐时期的工具式与致使式两可的"把"字句例句，都是"将"字句。蒋绍愚认为，大体上说，早期的"把"字句以"把 + O + VP（动词词组）"较多，随后产生"把 + So（受事主语句中的主语）+ VP"和"把 + Sa（施事主语句中的主语）+ VP"，而且数量逐渐增加。因此，"把"

字句的语义功能也发生了从表处置（狭义的）到表致使的变化。

本书认为隋唐时期的各类"将"字句是脱离"把"字句而产生发展起来的，但"把"字句独立于"将"字句的产生也许不是一个真实的问题。因《全唐诗》中各类新型"将"字句已经产生并发展成熟，"把"字句没有必要脱离"将"字句而重新独立产生与发展。在《全唐诗》中，"把"字句虽远少于"将"字句，但仍有上百个处置式"把"字句，可隋唐五代散文体中却没有一个处置式"把"字句，这是一个不宜忽视的需要解释的语言现象。

"把"字句如何产生的问题，实质上是在各类"将"字句中，"把"有什么必要且为什么能够替代"将"的问题，本书第九章将讨论这一问题。

蒋绍愚所言处置式"把"字句产生于前、致使式"把"字句产生于后，是有关"将""把"字句的语言现象之一。但本书认为，更全面的还应该包括另一个相反的语言现象，即致使式"将"字句产生于前，"将"前置处置式产生于后。进一步深入探讨致使式与处置式"将"字句在词义、语义、结构上的区别与联系，厘清"将"字句与"把"字句的关系，可以帮助我们更加合理地解释致使式与处置式在"将"字句与"把"字句中呈现出来的不同的历时语言现象。

（四）被忽略的几个重大语言现象

现有关于"将"字句产生的研究，忽略了大量伴随"将"字句产生与发展的语言现象，主要体现在以下几个方面：

第一，语法化与"将"的词义演变的具体方式与途径。

祝敏彻（1957）、A. 贝罗贝（1989）、石毓智（2006）等人主要从语法化的角度来解释"将""把"的词义虚化与"将""把"字句的形成，"将""把"的词义演化几乎成了无迹可寻的语言现象。

石毓智（2006）把元明时期的处置式语句中的"来"看作"将"在语法化环境中虚化留下的痕迹。例如：

（31）把门来关上。（《简帖和尚》

（32）将俺这个有儿夫的媳妇来欺骗。（关汉卿《望江亭中秋切鲙旦》）

但本书质疑石毓智对"来"的词义及其来源的相关解释。早在《诗经》中，"来"就不仅具有表达移动的方向性词义，也用于表达意向上的趋向性（目的性）。例如：

（33）将母来谂。（《诗经》）

例句（33）的含义为"将母亲来告知"。此例句是出现在《诗经》中最早的原始处置式"将"字句,语句中的"来"为虚词,即表达目的性(有关《诗经》中的原始致使式与处置式"将"字句见第三章)。例如:

(34)征伐猃狁,蛮荆来威。(《诗经·小雅·采芑》)

"来"为虚词,表示意向性;"威"是"畏服"之义。

在处置式大量产生的隋唐时期,"来"也以目的性的词义出现在处置式中。例如:

(35)蚕如蚁脚养将来。(《敦煌变文集新书》)

在现代汉语中,"来"与"去"也用于表达目的性。例如:

(36)我去买菜。或,我买菜去。或,我去买菜去。

(37)他来帮我修电视。或,他帮我修电视来了。或,他来帮我修电视来了。

根据朱德熙(2008)的解释,例句(36)与(37)中的"来"或"去"只是表示目的性。

本书对先秦至隋唐主要汉语典籍中"将"的词义、用法、"将"字句结构进行了整理、分类、历时比较,发现汉语中"将"的词义演变与"将"字句结构的形成是有具体方式和途径的。本书把"将"的词义变化与"将"字句形成的方式概括为词析化与句析法两种不同方式(详见第三章)。在"将"的词义演变的历时现象中,这两种方式起到了"将"的词义从弱化到虚化并形成各类"将"字句结构的具体途径的作用。

第二,两类处置式"将"字句并存的语言现象。

隋唐时期产生了两种不同类型处置式"将"字句,一种是"将"前置处置式(详见第六章),另一种是"将"后置处置式(详见第七章)。

"将"前置处置式是用句析法去解析并重新表述"将"在《诗经》中做使动用法时的使役义所产生的处置式"将"字句,也是现代汉语的"把"字句的前身。

"将"后置处置式是在前期各种结构的"将"字句的基础上,用词析法去解析并重新表述"将"的使役义所形成的处置式"将"字句。"将"后置处置式有主动宾句、受事主语句、连动句等多种结构,但在现代汉语中已经消失。

现存的各种有关"将"字句形成的理论解释,只是局限于"将"在某种连动句结构中的语法化,而忽略了具有多种语言结构的"将"后置处置式的长期存在。根据祝敏彻(1992)的研究,直到宋朝《朱子语类辑略》,"将"后置处置式仍占有重要地位,"将"前置处置式出现 67 次,"将"后置处置式出现 74 次。显然,局限于在某种连动句结构中语法化的任何理论解说,既不能解释为何存在着两种不同的处置式，也不能解释"将"后置处置式在多种语句结构中的存在。

第三，"将"的使动用法与广义的使役义在《全唐诗》中的复活。

以往有关"将"字句产生与发展的理论解说，都忽略了"将"在《诗经》中的用法与词义在《全唐诗》中复活的这一重大语言现象（详见第八章）。

自汉朝至南北朝，"将"在《诗经》中的用法与广义的使役词义已经基本消失。在这长达千年的历史期间，"将"主要是对"将"在《左传》中的词义的继承，"将"的词义演变也建立在"将"在《左传》中所具有的狭义使役义的基础上。而"将"的词义演变的词析法与句析法自先秦至南北朝一直存在，并在《史记》《汉书》《世说新语》中产生了"将"连谓使役式（详见第四章），以及主要在南北朝的诗歌中产生了"将"后置处置式的近十几个例句（详见第八章）。

"将"在《诗经》中的使动用法与广义的使役义在《全唐诗》中的全面复活表明，隋唐诗人们对以《毛传》为圭臬的"将"的词义与用法的认可、熟悉与喜爱，为隋唐时期的各类"将"字句的产生创造了语言环境并奠定了语义基础。隋唐时期的致使式"将"字句与"将"后置处置式，本质上只是把隋唐前已经产生了的"将"连谓使役式与"将"后置处置式的语义从狭义使役义扩展到了"将"在先秦文献中所具有的广义使役义，并在致使式"将"字句的基础上导致了现代处置式"把"字句的前身"将"前置处置式的产生。

以往学者忽略了"将"的词义与用法在《全唐诗》中复活的这一重大语言现象的原因是，这一复活不是语言发展变化的自然进化现象，而是源于中国科举制度在隋唐期间的产生和发展。《诗经》是唐朝明经科考试的九经之一，《五经正义》是考试的标准答案，诗赋写作是进士必考的文体，上书献诗成为晋升途径，诗歌唱和成为官僚士人的生活时尚与社交方式（谢青、汤德用，1995；吴宗国，1992）。隋唐文官制度变革所带来的社会生活的变化，导致了唐诗的发展，也导致了"将"在《诗经》中的词义与用法在《全唐诗》中的全面复活以及各类新型"将"字句的产生和发展。

（五）"把"字句的定义与"将"字句历时语言现象的分离

下面，本书联系"将"字句的历时考察，简要评述薛凤生（1987）有关"把"字句的定义。

根据本书第二章《毛传》对"将"在《诗经》中的词义注释，以及后期训诂学家对《毛传》的进一步解释，"将"在《诗经》中作及物动词使用时为使动用法，具有广义的使役义。而使役义包括施使义（代表行动）与受成义

（行动的结果）（详见第二章）。

致使式"将"字句和"将"前置处置式的形成与"将"的词义的弱化和虚化有关。在致使式中，"将"仍具有施使义，故与先秦词义比较，"将"的词义弱化了，没有虚化，"将"是以"致使"为词义的动词；而在"将"前置处置式中，"将"的词义已完全虚化，故"将"为虚词。因此，致使式中的"将"与处置式中的"将"不是同一语素。薛凤生有关"把"字句的定性 1 难以成立。

薛凤生有关"把"字句的定性 2 在解释致使式上也存在欠缺。因为在致使式中，动词词组只是描述人或物的行为或状态变化，不能单独描述产生人或物的行为或状态变化的原因。在致使式中，某一行为所导致的后果，是由以"致使"为词义的动词"将"加上动词词组所共同描述的（对致使式"将"字句的详细讨论详见第五章）。

薛凤生有关"把"字句的定性 2 也是与处置式的历时语言现象相分离的。在"将"前置处置式（现代"把"字句处置式的前身）产生的初期，《全唐诗》中存在动词不带补语的处置式 227 个，占全部处置式的 54%。这说明在处置式产生的初期，"将"前置处置式中的动词词组主要不是描述性的，或者说受事的状态变化不一定在动词词组中直接表现，而可以用其他方式间接地、灵活地表现出来。

李翠翠（2008）对《全元散曲》中处置式的研究表明，以"把"字句为主的处置式中（"把"字句数量约为"将"字句数量的两倍），动词词组不带补语句式的例句有 929 个，动词词组为动补结构（动词后面带有各种形式的补语）的例句有 576 个，前者为后者的 1.6 倍。由此可见，早期的"把"字句也是以动词词组不带补语的句式为主的。

《全唐诗》以及《全元散曲》中"将"字句或"把"字句处置式的大量例句表明，处置式中动词词组的必要条件是必须有施使义动词，而处置式语义中的受成义的表述却可灵活多变，既可用动词本身的使役义表达，也可用状语形式间接地表现，还可用补语形式更加直接地表现，由此导致了处置式中"将"或"把"的词义虚化。例句（20）就是用状语短语"手持钢鞭"间接地表述"打"的效果。

总的来说，由于不是建立在"将""把"字句的历时语言现象的基础上，薛凤生有关"把"字句的定义也难以全面概括现代"把"字句的语言现象。

四、"将"字句的类型、句式划分与文本研究

吕叔湘在《把字用法的研究》一文中，从动词本身的意义、宾语的性质、

全句的格局三方面讨论了"把"字句在近现代汉语中（例句以明清小说中的"把"字句为主，早期可追溯到元朝）的用法。在全句的格局方面，吕叔湘通过划分"把"字句中动词的前后成分，将"把"字句分为13种类型。

丁崇明在《现代汉语语法教程》一书中，将"把"字句划分为20个句式，解释了不同句式的使用情境，并举例说明了大多数"把"字句句式与其他语句之间相互变换的可能性。该书中有些句式吕叔湘文中没有收集；有些句式与吕叔湘的分类不同，如动词重动形式构成的"把"字句，吕叔湘归类于动量宾语中的动词同形部类，而动量补语"把"字句，吕叔湘归类于动量宾语中的动词不同形部类等。

李翠翠在其硕士论文《〈全元散曲〉处置式研究》中，对《全元散曲》中"把"字句的结构类型与语句构成成分进行了语法分析。文中收集了元朝散曲中若干"把"字句，例如：

（38）兰舟定把芦花过，橹声省可里高声和。（白朴《套数·恼煞人》）

（39）闲将往事思量过。（关汉卿《小令·四块玉·闲适》）

（40）把旧来时威风不见了。（张养浩《小令·朱履曲》）

（41）夜深时独绣罗鞋，不言语倒在人怀，做意儿将人不采。（吕止庵《天净沙·为董针姑作》）

这都有很明显的早期"把"字句的特点。

温志国在其硕士论文《〈儿女英雄传〉中的把字句研究》中，根据"把"字句谓语部分的组成和形式，对《儿女英雄传》中"把"字句进行了统计分类和研究。

本书有关隋唐时期"将"字句与"把"字句的句式划分，主要参考了《现代汉语语法教程》（丁崇明，2009）对现代"把"字句的划分，并从语法角度进行了相关比较。

第三节 研究思路、语料来源与研究方法

一、研究思路

本书研究的基本思路为：回到语料和语言现象，从先秦文献中具有"将"的语句开始，追溯"将"在先秦文献中的词义与用法，重新思考"将"的词义与"将"字句结构在从先秦至隋唐的不同历史时期的语言现象。通过对与"将"有关的例句现象的统计、概括和抽象，以期获得隋唐时期产生的新型"将"

字句的来源、类型、语义、结构、句式的新认识。与此同时，针对其他学者在相关问题上的学术观点进行讨论。

二、语料来源

本书的研究主题是：先秦至隋唐"将"字句及其来源的研究。由于工具书、论文篇幅、论文期限等的限制，本书的语料建立在先秦、汉朝至南北朝、隋唐三个历史时期具有代表性的典籍基础上，所有例句均来自网络语料库《语料库在线》。

先秦时期：《诗经》《尚书》《礼记》《仪礼》《周礼》《左传》。其中，《诗经》相关例句 75 个，《尚书》《礼记》《仪礼》《周礼》相关例句 203 个，《左传》相关例句 868 个。

汉朝至南北朝时期：《史记》《汉书》《世说新语》。相关例句从《史记》《汉书》以及《世说新语》中含有"将"的 6490 个例句里选出。

隋唐时期：《全唐诗》《敦煌变文集新书》以及隋唐五代文[①]。《敦煌变文集新书》中相关例句 106 个。《全唐诗》中"将"字句相关例句 1690 个，"把"字句相关例句 516 个，尚有与"将"作使动用法相关联的例句 261 个。隋唐五代文中共有"将"字句例句 248 个。本书对隋唐五代时期"将"字句的研究，主要用《全唐诗》与《敦煌变文集新书》中的例句作为语料，其原因在于，隋唐时期产生的各种新型"将"字句、"把"字句是在《全唐诗》中产生和发展成熟，并逐渐向《敦煌变文集新书》和隋唐五代文中扩散的。隋唐时期的各种新型"将"字句、"把"字句的例句主要集中在诗歌体裁中，《全唐诗》中处置式"把"字句的例句有 113 个，但在同时期的所有散文文体中却没有一个处置式"把"字句。再者，隋唐五代文中"将"字句的表达形式也不够成熟。

《全唐诗》中"将"字句、"把"字句相关例句的类别分布如表 1-1 所示。

表 1-1　《全唐诗》中"将""把"字句类别分布

类　别	"将"字句	"把"字句
工具式	684	343
"将"连谓使役式	239	46
"将""把"前置处置式	349	113
"将""把"后置处置式	190	0

---

① 隋唐五代文包括隋唐五代时期的全部俗文学以及史书中的《隋书》及《旧唐书》。

类　别	"将"字句	"把"字句
致使式	148	8
感知式	80	6
总数	1690	516

《隋唐五代文》中两大类"将"字句的分布如表1-2所示。

表1-2　隋唐五代文中"将"字句句式分布

句　式	隋唐五代俗文学	《隋书》《旧唐书》
"将"前置处置式	105	33
"将"后置处置式	36	11
致使式	11	4
"把"字句	0	0
总数	152	48

三、研究方法

本书对先秦时期的《诗经》《尚书》《礼记》《仪礼》《周礼》《左传》，汉朝至南北朝时期的《史记》《汉书》《世说新语》，隋唐时期的《全唐诗》《敦煌变文集新书》以及隋唐五代文等典籍中含有"将"与"把"的字句进行了搜集整理、分类统计与数量汇总。

用列表的方式对"将"在《诗经》《左传》《世说新语》中的用法进行了分类统计。通过数量比较，说明"将"的词义和用法从《诗经》到《左传》的变化，探求在汉朝至南北朝文献中出现的连谓使役式"将"字句，在词义、语义、结构上对"将"在《左传》中用法的继承与发展。

从语句类型、句式类别、语义差异、结构特征等不同角度，对各种新型"将"字句在《全唐诗》中的使用分布进行了分类统计、数据汇总，并用列表的方式表现出来。在此基础上，用例句示范、数量比较、意义探索与逻辑分析相结合的方法，探求隋唐时期各种类型的"将"字句与自先秦至南北朝期间"将"字句在语义、结构上的联系和变化途径，探求各种类型"将"字句之间的内部关系，证实"将"在《诗经》中的使动用法和广义使役义在《全唐诗》中的全面复活，证实在隋唐时期存在着语义相同而结构有别、语义来源相同而演变途径迥异的两种处置式，即"将"前置处置式与"将"后置处置式，探寻"把"替代"将"而形成"把"字句的原因、途径和意义等。

第二章 "将"在《诗经》等先秦文献中的词义与用法

本章是有关"将"在《诗经》等先秦文献中的词义与用法的研究。这一研究对于理解各种新型"将"字句(包括现代"把"字句的前身"将"前置"将"字句)为何在隋唐期间产生,探明"将"在先秦文献中的词义与隋唐"将"字句的语义之间的关系,厘清"将"的词义演变与"将"字句结构的形成之间的联系,均具有重要的意义。

第一节 "将"在先秦文献中的词义与使用概况

本书主要从四个角度来考察与概括"将"在先秦文献中的词义:

1. "将"在先秦文献中的使用;

2. "将"在早期词典中的词义;

3. "将"在秦汉后文献中的词义传承和演变;

4. 先秦"将"字与隋唐期间产生的新型"将"字句在语义上的关系。

由此来看,在先秦文献中,"将"的词义有两个源头,形成了两个传统的语言现象。

一、"将"在《说文解字》中的本义与《左传》用例

我们从上述四个角度来看"将"的先秦古义的第一个源头。

1. 从"将"在先秦文献中的使用来看,"将"的词义的第一个源头,可以追溯到《左传》。"将"在《左传》中作普通及物动词使用,其词义为"率领"。

2. "将"在《左传》中作动词使用时的词义完全符合《说文解字》给出的"将"的本义。

3. 在秦汉至南北朝期间的文献中,"将"主要继承了《左传》中的词义

并在此基础上开始演变。"将"传承这一词义并逐步演变已有上千年的历史，主要体现在史书与俗文学的散文体中，如《史记》《汉书》以及《世说新语》中。

4. 以《左传》为源头的"将"的词义及其演变，与隋唐期间在《全唐诗》中产生和发展的现代"把"字句的前身——致使式"将"字句与"将"前置处置式的语义无关。"将"在《左传》中的词义是由另一种处置式"将"字句即"将"后置处置式的语义来继承的。"将"后置处置式出现在南北朝期间，在《全唐诗》中获得丰富与发展，但在现代汉语中已经消失。

本小节着重探讨有关《说文解字》给出的"将"的本义，其他内容在第三、第四、第七章分别进行详细讨论。

根据《说文解字》，"将，帅也，从寸，酱省声"，"将"的本义为"帅"。又根据段玉裁在《说文解字注》中解释为："将，当作卫，行部曰：卫，将也。二字互训。"古文率多作卫，今文多作帅。

《说文解字》以六书理论来解释字形、字义、字音及其相互关系。清代学者戴震认为，在六书理论中，象形、指事、会意、形声为四体，转注、假借为二用。由于在《说文解字》中，"将""率"互训，则"将"与"率"的本义是通过转注来确定的（段玉裁说："转注犹言互训也。"）。也就是说，"将"与"率"的本义并不取决于它们各自的字形构造。又由于"将""率"在部首与发音上既不相同也不接近，"将""率"之间的转注属于义转，或者说，"将"与"率"的本义取决于它们在文献中使用时的共同词义。

不过，除了《左传》，"将"与"率"在先秦经传中的使用，并没有为《说文解字》有关"将""率"互训的论断提供语料支持。

在《周易》《尚书》《礼记》《仪礼》《周礼》中，都没有"将"在"率"的词义上做动词使用的语句。只是在《礼记》中有"将"在"帅"的词义上做名词使用的个别语句。从《毛传》对《诗经》的解释来看，"将"在《诗经》中也没有"率"的词义，只是《诗经》中有一个语句，《郑笺》把"将"解释为"将率"之"将"。

（1）君子听鼓鼙之声，则思将帅之臣。（《礼记·乐记》）

从早期词典来看，《尔雅》中没有"将"为"率"的词义。在《尔雅·释诂》里，"将"有词义"大"，"率"有词义"自""循"；在《尔雅·释言》里，"将"有词义"送""资""齐"，而"沦"的词义为"率"。

在《玉篇》中，"将"的词义为"行也，欲也，或也，送也，奉也，大也，助也，养也，扶侍为将，又子匠切，帅也，又七羊切"。《玉篇》把"帅"放在"将"的多个词义的最后一个，没有把"帅"当作"将"的本义放在首要位置。

　　清代阮元主编的《经籍籑诂》把小学专著与有关经传子史的汉唐旧注的训诂材料汇集成册。《经籍籑诂》中，有关"将"的词义有 29 个之多，没有一个词义是用"率"来注释的。《经籍籑诂》里，在有关"将"的上百个唐之前经籍的例句中，有《史记·秦始皇纪》中的例句"将军击赵"，其中"将"的词义与"率领"相通，但《正义》不用"率"，而是用"领"来注释的。

　　"将"字本义与本书研究的主题没有必然关联，有关"将"字本义的争论也无助于我们理解"将"在先秦典籍中的词义与隋唐"将"字句语义之间的联系。但需要指出的是，总的来看，从"将"在先秦经传（除《左传》之外）中的使用，从"将"在早期其他词典中的词义，从汉唐时期的小学与训诂学家们对"将"在经传子史中的词义的训诂，《说文解字》关于"将"的本义为"率"，"将""率"互训的说法是值得质疑的。

二、"将"在《诗经》中的词义、用法与《毛传》

　　我们仍从第一节中提到的四个角度来看"将"的先秦古义的第二个源头。

　　1．"将"在先秦文献中的词义与用法集中体现在《毛传》对《诗经》的注解中。

　　段玉裁在《说文解字注》中说："《毛诗》'将'字故训特多。大也、送也、行也、养也、齐也、侧也、愿也、请也。此等或见《尔雅》，或不见，皆各依文为义。"有关《毛传》对"将"在《诗经》中的词义与用法的注解，段玉裁概括出两个特点，其一，词义广泛；其二，依文为义。不过，段玉裁的注解中还隐含着第三个特点：使动用法。段玉裁所引"大""行""齐"都是在《诗经》中作使动用法的及物动词，具有使役义，而"养"本身是具有使役义的动词。

　　2．如果综合《毛传》与其他训诂学家的注解，《玉篇》中有关"将"的10 个词义，都可在《诗经》中找到相应例句。《经籍籑诂》汇集的、散见在经传子史中的多种引申词义，也是以"将"在《诗经》中的词义为基础的。

　　3．"将"在《诗经》中由《毛传》注解的词义与用法，在秦汉至南北朝上千年期间基本消失了，却由《全唐诗》隔代继承，或者说，在《全唐诗》中获得了全面复活。

　　4．在《全唐诗》中产生的新型"将"字句：致使式"将"字句、"将"前置处置式、"将"后置处置式的语义与"将"在《诗经》中由《毛传》注解的词义相同，都是广义的使役义。致使式"将"字句、"将"前置处置式、"将"

后置处置式等新型"将"字句，是分别用句析法与词析法去解析和重新表达"将"在《诗经》中的广义使役义。

　　在第五、第六、第七、第八章中将详细探讨"将"在秦汉后文献中的词义传承和演变，以及先秦"将"字句与隋唐时期产生的新型"将"字句在语义上的关系。

第二节　　"将"在《诗经》中的词义、用法的主要特点

　　本部分将以《诗经》中的例句为主，辅之以先秦其他文献中的相关例句，以《毛传》为根本，综合其他训诂学家对《毛传》的进一步解释，来探讨"将"在《诗经》与先秦文献中的用法与相关词义。①

一、"将"的多种词义与词义"行"

　　在《诗经》的多种词义中，就《毛传》的注释而言，"行"是"将"的主要动词词义。在《诗经》中，"将"以"行"作主要动词，有以下几点含义：

　　其一，"将"在《诗经》中主要以"行"的词义作谓词。如果不包括拟声词与表达心愿的动词词义"愿""请"，"将"在《诗经》中作谓词有 34 次，与"行"的词义相关的例句有 17 个，占"将"作谓词的总数的 50%。《毛传》用"行"作注的例句有 9 个，用"齐"作注有 1 个；另外 7 个例句，尽管其中 6 个《毛传》无注，《郑笺》与《正义》皆根据诗意，以"行"或"行"的引申义注解。

　　其二，当"将"以"行"的词义作不及物动词使用时，具有多方面的词义。在《说文解字》中，"行"的本义为"行，人之步趋也"。段玉裁把"行"的引申义注解为"巡行，行列，行事，德行"。《诗经》中，"将"也在段玉裁注解的几个方面具有"行"的词义。

　　1. 表述人在空间路径中的移动、慢走、奔跑等。例如：

　　（2）子之昌兮，俟我乎堂兮，悔予不将兮。（《诗经·丰》）

　　"将"：《毛传》注"行"。

　　"将"的这一词义，可引申为物的移动以及时间或水的流失、流动。例如：

---

　　①本节例句的注释，除有关《诗经》例句的注解——《毛传》《郑笺》《正义》来自《毛诗正义》与《毛诗诂训传》，其余例句及其注解分别转自《经籍纂诂》《故训汇纂》与《汉语大字典》。

（3）圣人共手，时几将矣。（《荀子·赋》）

"将"：杨倞注"去也"。

（4）居岐之阳，在渭之将。（《诗经·皇矣》）

"将"：《毛传》注"侧"。"将"在此处作名词使用，但含义应从"行"所引申的"河水流动"的含义转化而来。"侧"指的是傍水的河岸，即渭水流经的地方。

2. 表述人在日常生活中的行为。例如：

（5）日就月将，学有辑熙于光明。（《诗经·敬之》）

"将"：《毛传》注"行"，表述人的行为。"日就月将"即日有成就，月有常行。

3. 表述事件的进行。例如：

（6）殷士肤敏，祼将于京。（《诗经·文王》）

"将"：《毛传》注"行"，即进行。祼：祭礼名。"祼将于京"即祼礼在京城进行。

4. 表述排列成行。

《诗经》中虽没有"将"以"行"的含义作不及物动词的诗句，但具有以该词义作使动用法的诗句，而且"将"的词义"齐"也是"行列"的引申义。

其三，"将"在《诗经》中作谓词的另一主要词义"大"是"将"的引申义。当"将"以"行"表述的词义"人或物在空间距离中的移动"引申为"人或生物在时间过程中的生长壮大"，其词义即为"大"。从"将"的词义"行"的引申义的类似角度来解释"将"在《毛传》中的词义"大"可以追溯到《正义》。

（7）我将我享，维羊维牛，维天其右之。（《诗经·我将》）

"将"：《毛传》注"大"，"享"为"献"之义。

《正义》解释《毛传》对例句（7）的故训："毛以为，周公、成王之时，祀于明堂，言我所美大，我所献荐者，维是肥羊，维是肥牛也。"可见，《正义》认为，此诗句中《毛传》所谓"大"，即牛羊长得肥壮。

另外，《郑笺》把例句（7）中的"将"注解为"奉养"，"将，犹奉也。我奉养我享祭之羊牛，皆充盛肥腯，有天气之力助"。

《正义》对《郑笺》的解释为，"将者，送致之义，故云'犹奉养'"。

"送致"是"行"作使动用法的引申义，含义为"把某人或某物在空间距离中合目的地从某一地点送到另一地点"。"奉养"是生长（大）作使动用法的引申义，含义为"侍奉人或物并使之在时间中合目的地生长"。"送致"尤

"奉养"，意味着人或物在空间距离中的移动"行"，可以引申为人或生物在时间中的生长壮大（大）。①

"养"是"大"的引申义，也可从下一例句以及相关训诂中得到佐证。

（8）备物以将形，藏不虞以生心，敬中以达彼，若是而万恶至者，皆天也。（《庄子·庚桑楚》）

"将"：郭象注"顺"。"备物以将形"，《王力古汉语字典》引郭象释文"因其自备而顺其成形"。现代注释大多把"物"解释为"万物"，把"将"注释为"养"，如张默生（《庄子新释》，1993）。现代注释强调的是行为本身（养），而郭象是从行为结果的角度（顺）来解释"将"的词义，把"将"看作使动用法。"顺其成形"的大意为"使其形体顺其天性自然生长"，"顺"是"将"的词义"大"（生长壮大）在这一语境中的特殊含义。因此，"养"是"将"在"大"（生长壮大）的词义上做使动用法的引申义。

根据《毛传》，"将"在《诗经》中作谓词"大"的例句有 10 个，占"将"做相关谓词的总数的 29%。由于"将"的词义"大"的基本词义为"人或生物在时间中的生长壮大"，"将"在《诗经》及先秦文献中，可以表述人的年轻力壮；也可以表述寿命"长"、年龄"老"（活了很久）；还可以描述"美"，即生物长得高大肥美的美感，并由此扩展到形容建筑的高大气派、土地的辽阔壮观等。例如：

（9）有娀方将，帝立子生商。（《诗经·长发》）

"将"：《毛传》注"大"，意为长大成人。有娀：有娀之女。方：正当，刚好。

（10）嘉我未老，鲜我方将。（《诗经·北山》）

"将"：《毛传》注"壮"，表述年富力强之意。"嘉""鲜"均为称赞的意思。

（11）岁忽忽而遒尽兮，恐余寿之弗将。（《楚辞·九辩》）

---

① 类似于把"将"的词义"奉养"解释为"将"的词义"致使"的引伸义，《正义》也把"将"的词义"大"解释为"将"的词义"将领"的引申义。《正义》云：谓大指为将指者，将者，言其将领诸指也，足之用力，大指为多，手之取物，中指最长。故足以大指为将指，手以中指为将指。可《方言》把"将"的词义"大"解释为某一地域的方言：秦晋之间，凡人之大谓之奘，或谓之壮。燕之北鄙，齐楚之郊，或曰京，或曰将。《方言》对"将"的词义"大"的解释并不一定与《正义》相冲突，因为"大"作为"将"的主要词义的引申义，可能先在民间产生然后向典籍渗透，也可能先在典籍中发生然后向民间扩散。再者，在唐代科举考试中，《正义》是解释《毛传》的标准答案，对隋唐"将"字句的产生具有根本的影响，因而在本书中，凡是其他训诂学家的相关训诂与《毛传》或《正义》相冲突，本书遵从《毛传》和《正义》。

"将"：王逸《楚辞章句》注"惧我生命不长也"。

（12）乃立应门，应门将将。（《诗经·绵》）

"将"：《毛传》注"严正"，即由宏大方正的外貌表现出来的端庄严正的气势与建筑之美。

（13）哀我人斯，亦孔之将。（《诗经·破斧》）

"将"：《毛传》注，大；亦：也；孔：很；之：的。"哀我人斯，亦孔之将"意思是，怀念那些为国捐躯的士兵们，正是他们把周朝的疆域大大扩展了。

（14）民之讹言，亦孔之将。（《诗经·正月》）

"将"：《毛传》注"大"，指广远。"民之讹言，亦孔之将"意为，谣言在民众中传播，越传越远。

二、"将"在《诗经》中的依文为义

"将"的词义在《诗经》中具有依文为义的特点，从以下几点加以说明。

第一，段玉裁在《说文解字注》中认为，虽然《毛诗》"将"字故训特多，但并无确定词义。《毛传》对"将"在《诗经》例句中的各个词义的训诂，是通过上下文的诗意来确定的。

第二，如果《毛传》无注，后期训诂学家应根据《毛传》对上下文诗意的解释，来确定"将"在《毛传》中的应有之义。

（15）顾予烝尝，汤孙之将。（《诗经·那》）

"将"：《毛传》无注。《郑笺》注为"扶助"。

《正义》这样解释例（15）中"将"在《毛传》中的应有之义以及与《郑笺》之注的区别。"将"的词义，取决于对诗句中"汤孙"一词的解释，可注为"大"，或注为"扶助"。《正义》："笺以汤孙为太甲，故言太甲之扶助。传以汤为人之子孙，则将当训为大，不得与郑同也。"《毛诗》注"汤孙"为"成汤"，意思是成汤作为子孙，有光宗耀祖的业绩。所以，"将"的含义为"大"，"顾予烝尝，汤孙之将"的意思是"此嘉宾所以来顾念我烝、尝之时祭者，亦（汤孙）有显大之所致也"。而《郑笺》注"汤孙"为"成汤的孙子太甲"，"将"的含义则应为"扶助"，"顾予烝尝，谓嘉客念太甲之祭。汤孙之将，言来为扶助太甲"。

第三，后期的训诂学家对"将"在《诗经》中词义的注解，理应以《毛传》为本。郑玄在《六艺论》中就主张，"注《诗》宗毛为主"。不过，依文为义依然是《诗经》新的注解理应遵循的原则。

郑玄以及后期的训诂学家就是这样做的。

在 34 个"将"作谓词的语句中,《郑笺》的注解有 13 处与《毛传》不同(其中包括《毛传》无注的例句),占总数的近 40%。

朱熹对例句(33)的注解,也与《毛传》不同。

三、"将"的使动用法

"将"在《诗经》中作及物动词使用的例句有 22 个,《毛传》对其中的 11 个作了注解。除了其中的一个,《毛传》均以不及物动词"行"、形容词"大"与"齐"以及使役义动词"养"作注。而且,《毛传》用普通及物动词"送"注解的"将"的词义,后期训诂学家也解释为"行"的引申义。可见,就《毛传》而言,"将"在《诗经》中作及物动词使用时,主要是使动用法,具有使役义,或个别的直接就是使役义动词。

"将"在《诗经》中作及物动词时,《毛传》从使动用法的角度作注解。一方面,因《毛传》用作注解的词"行"和"大"具有多重词义;另一方面,自汉朝早期起,使动用法逐渐为使成式等表达使役义的其他方式所取代。自汉至唐宋前,后期训诂学家在《毛传》的基础上大多用使成式或使役义短语,对"将"的及物动词词义做了进一步解释。为了说明"将"作使动用法的词义,本节将转录这些相关注解,并以此为依据,对散见在《诗经》外,"将"在先秦及隋唐前典籍中作及物动词的词义进行解释。

不过,需要说明的是,郑玄在《毛传》的基础上作《郑笺》,并为《礼记》等先秦古籍作注。对"将"在先秦古籍中作及物动词的词义,郑玄有时从使动用法的角度作注,有时用普通及物动词作注。也许,因后期汉语中使动用法不再通行,郑玄用普通及物动词为"将"作注的方式,对清朝的许多训诂学家及现代相关学者在理解和解释"将"的动词词义上产生了不同于《毛传》的决定性的影响。

在《诗经》中,"将"的及物动词词义主要与物体的移动、事物的进行、事物的处理、人的行为、人或生物的生长等有关,"将"在其他先秦文献中的词义也可概括其中。

(一)施事与受事在空间距离中一起移动:送行、驭行、领行、传达等

"将"的这类词义与语句中的受事(人或物)在空间路径中的移动有关。其特点是,语句中的施事作用于受事并与受事在某一空间距离中一起移动或

共同到达某一终点,我们称之为狭义的使役义。这一词义也是自秦汉至南北朝"将"或"将"的连动句近乎唯一的词义或语义。

（16）之子于归,远于将之。(《诗经·燕燕》)

"将":《毛传》注"行"。

（17）之子于归,百两将之。(《诗经·鹊巢》)

《毛传》注,"将":送,之:这个;子:姑娘;于归:今天出嫁;百两:百辆车子。

《毛传》把上面两句诗中的"将"分别注释为"行"与"送",一为使动用法,一为普通动词。但之后一些训诂学家认为,"将"在两个诗句中的词义一样,都是"送行",且来自"行"的使动用法。

《尔雅·释言》"将,送也",郭璞《尔雅注》引孙炎语:"将,行之,送也"。邢昺《尔雅疏》进一步解释说:"皆谓送行也。"清代陈奂也认为"将"的词义"送"是由"将"的本义"行"引申而来,《陈奂传疏》:"送,又行之引申也。"

（18）无将大车。(《诗经·无将大车》)

"将":《毛传》无注;《郑笺》注"扶进"。《汉语大字典》(2010)解释为,"推进……又引申为驾驭"。但根据原诗诗意,"将"的词义应为"驭行","驭"是"行"的使动用法的引申义。

"无将大车"的全诗如下:

无将大车,祇自尘兮。无思百忧,祇自疧兮。

无将大车,维尘冥冥。无思百忧,不出于颎。

无将大车,维尘雍兮。无思百忧,祇自重兮。

从全诗的意境来看,浑身泥土(祇自尘兮)的马匹,拖着载满货物的大车,在蒙面迷目、遮天蔽日的风沙中奔跑(维尘冥冥,维尘雍兮),车夫扶车也好,推车也好,都不可能有这样的效果。因此,把"将"在诗文中的含义翻译为"驭行",似乎更加妥帖。"将大车"即"不停地驱赶着马车在泥土路上狂奔"。该诗是用"车夫不停地驱赶着载满货物的马车向前奔跑"这一形象。象征人们纠缠于世俗的名利得失,沉陷在忧虑之中,内心不得安宁的人生态度,并用"无将大车""无思百忧"的哲理来劝诫人们。

（19）何草不黄?何人不行?何人不将?经营四方。(《诗经·何草不黄》)

"将":《毛传》无注。根据《正义》对"何人不将"的解释,"言万民何人而不为将率所将之",则"将"的词义为"领行"或"率行",此句为受事主语句。

《一切经音义》(唐朝玄应撰)注,"相率":"将,领行也。率,导引也。"

表明"率"与将的区别，"率"为普通及物动词，"将"为使役义动词。

（20）请还挚于将命者。（《仪礼·士相见礼》）

（21）束帛加书将命。（《仪礼·聘礼记》）

"将"：郑玄将例句（20）、例句（21）分别注为"传"与"致"。"传"为普通及物动词；"致"是"达至"的意思，是"传"的效果，表明"将"在语句中是使动用法。

《何晏集解》引马融曰："将命者，传宾主之语出入也。"在马融、何晏看来，"将命"的"将"具有使役义，《汉语大字典》也把"将"的词义"传"与"致"均用使成式，解释为传达、表达。

（22）无几何，将甲者进，辞曰。（《庄子·秋水》）

将甲：《经籍纂诂》：释文本亦作持甲。《正义》云："执而不释谓之持，是手执之也。""持"具有保持某种行为或动作的词义，作及物动词时，受事状态不变，故为使役义。"将"的词义"持"是"行"的一种特殊的引申义，既可表述施事与受事在空间保持不动，也可表述施事与受事在空间一起移动。

（二）受事在行为过程中或终点单独移动：表意、进献、奉送等

与前类似，在"将"的这类词义中，语句中的受事会发生位移；不同处在于，在施事的行为过程中或终点，受事将以某种方式脱离施事。

（23）吹笙鼓簧，承筐是将。（《诗经·鹿鸣》）

就"承筐是将"而言，《毛传》没有直接注解，但《毛传》的序中有"实币帛筐篚，以将其厚意"一句，说的就是"承筐是将"，《正义》的解释为"又实币帛于筐篚而酬侑之，以行其厚意"，可见"将"为使动用法，词义为"行"。因币帛是当时宴会上劝酒之物品，"将"在此处的含义为君王通过礼劝群臣嘉宾饮酒品食以传送某种意愿和情感。因在传送情感时，传送情感的人并不随他传送的情感在空间移动，这与"无将大车"中"将"的含义是有区别的。

（24）若有将食者，则俟君之食，然后食。（《仪礼·士相见礼》

将食：郑玄注为"犹进食也"。"进"为"行"的近义词，"将"为使动用法。

（25）及将币之日，执书以诏王。（《周礼·春官·大史》）

"将"：《周礼注疏》（郑玄注，贾公彦疏）："将，送也。币，谓璧帛之等。"

（26）以时将瓒果。（《周礼·春官·大史》）

"将"：《周礼注疏》："将，送也，犹奉也。祭祀以时奉而授王，宾客以时奉而授宗伯。天子圭瓒，诸侯璋瓒。"

例句（25）与（26）中，"将"的词义相同，均为"奉送"或"赠送"之义。郑玄用普通及物动词"送"注解"将"的词义。但根据《汉语大字典》的解释，"将"的词义"赠送"源于《尔雅》。《尔雅·释言》："将，资也。"郝懿行《尔雅义疏》注解为"资者，赍之假音也"。《说文解字》云："赍，持遗也。""持"是"手捧东西走过去"的意思，是"将"在使动用法中的词义"行"的一种引申义；"遗"：遗留。"赍"：《新华字典》注解为"把东西送给别人"。可见，例句（25）与（26）中"将"的词义"送"具有使役义。

（三）人的公职或私人行为：奉行、履行、持守等

"将"的这类词义表述奉行政令、履行职责的公职行为，或生活中的个人生活行为以及这些行为效果。

（27）肃肃王命，仲山甫将之。（《诗经·烝民》）

"将"：《毛传》注为行，《朱熹集传》注为奉行，即秉承与执行政令。

（28）安之者必将道也。（《荀子·王霸》）

"将"：王先谦《荀子·集解》引《广雅》云"行"，即履行。可比较《荀子·解蔽》："故仁者之行道也，无为也；圣人之行道也，无强也。"

（29）君教出，行有律，吏谨将之无铍滑。（《荀子·成相》）

"将"：杨倞注"持也"，即持守或履行。之：教律。铍滑：纷乱离散。持守教律，即在生活中履行教律。

（四）做事与处理事物：行事、进行、分齐、分类等

"将"的这类词义可以在一般意义上表示做事（行事），也可表示做坏事（行恶），还可表示做某些具体事情，如正在做某件事（进行），把事物分门别类（分齐、分类）等。

（30）某既得将事矣。（《仪礼·士昏礼》）

"将"：郑玄注为"行"，将事即行事，使动用法。

（31）多将熇熇，不可救药。（《诗经·板》）

"将"：《毛传》无注，《郑笺》注"行"。"多将熇熇"即尽做坏事，《郑笺》解释为"多行熇熇惨毒之恶，谁能止其祸"。

（32）简兮简兮，方将万舞。（《诗经·简兮》）

"将"：《毛传》注"行"，即进行，此处具体含义为"使之展开"。简：锣鼓的象声词。方：四面八方。全句意为咚咚喧天的锣鼓声把"万舞"从四面八方展开。

（33）或剥或亨，或肆或将。（《诗经·小雅·楚茨》）

"将"：《毛传》注"齐"；郭璞《尔雅注疏》"谓分齐也"。肆：陈列。"或

肆或将":《毛传》注解"肆，陈。将，齐也。或陈于互，或齐其肉"。"齐其肉"：《正义》引王肃的解释"分齐其肉所当用"，大意为把肉食均匀地分成一份份给客人食用。[①]

《郑笺》的解释却不同，"或将"："或奉持而进之者"。《朱熹集传》与《郑笺》同。

（34）尔肴既将。（《诗经·既醉》）

"将"：《毛传》注"行"。肴：在祭祀中分食的肉馔。"尔肴既将"为受事主语句，意为把肉馔按尊卑秩序分类排列而赏赐给臣仆。《正义》的解释为"成王之为群臣俎实，以尊卑差次行之……谓'贵者得贵骨，贱者得贱骨'"。

（35）尔肴既将，莫怨具庆。（《诗经·小雅·楚茨》）

"将"：《毛传》注"行"，词义与例句（34）相同。《郑笺》注解为"女之肴馔已行，同姓之臣无有怨者，而皆庆君，是其欢也"。

在例句（34）与（35）中，"将"的词义"行"可解释为"排成行列"，陈奂《诗毛氏传疏》："两传行字皆读如行列之行。"

（五）改善人的精神或生活状态以及养护生物：光大、奉养、助长等

"将"的这类词义与光大精神、发扬德行、奉养生命有关。

（36）乐之君子，福履将之。（《诗经·樛木》）

《毛传》注解，"将"：大，"履"：禄。因前句说"君子"之"乐"，故"大"是用来形容"乐"的，描述"君子"喜气洋洋、意气风发等的精神状态。

《郑笺》把例句（36）中"将"的词义注为"助"。

（37）（杜）钦之补过将美，皆此类也。（《汉书·杜周传》）

"将"：颜师古注"助"。因例句中"将"的词义可解释为"发扬光大"，"助"应看作"大"的引申义。

（38）将顺其美，匡救其恶，故上下能相亲也。（《孝经·事君》）

"将"：唐玄宗注"行"。因"将顺"中，"顺"表达的是行为的效果，即

---

① 段玉裁对"将""齐"的解释与郭璞、王肃不同。他把"将"解释为"烹"，"齐"解释为"剂"，"剂"为"剂量"，也就是"烹"的方式。"齐其肉"，也就是用"剂量水火及五味之宜"的方式去烹肉。本书采用郭璞的解释的原因一个是，段玉裁对"将""齐"的注解，不符《毛传》从使动用法的角度注解"将"的动词含义的一致风格。使动用法的特点是用形容词、不及物动词等直接了当地、明确地表达行为的效果，而不是用行为的方式间接地表达行为的效果。另一个是，段玉裁为清代训诂学家，他的相关训诂不可能影响隋唐"将"字句的形成。

美德的发扬光大，故"将"的注释更应注解其代表的行为，此处倒是把"将"注释为"助"更加妥帖。

（39）王事靡盬，不遑将父。（《诗经·四牡》）

"将"：《毛传》注"养"。一般而言，"养"作及物动词时，不仅表述"养"的行为，也同时包含"养"的效果，如"养身""养颜""养病"等。"养病"也就是"把病养好"。因此，"养"为使役义动词。

（40）国步蔑资，天不我将。（《诗经·桑柔》）

"将"：《毛传》无注；《郑笺》注为"养"，蔑为"轻视"。"国步蔑资，天不我将"，《郑笺》注解是"国家为政，行此轻蔑民之资用，是天不养我也"。

（41）将之以神气。（《吕氏春秋·尽数》）

"将"：高诱注"养"。

第三节　"将"作使动用法的词性、词义以及使动用法 "将"字句

我们在本节探讨"将"在《诗经》与其他先秦文献中作使动用法时的词性与词义，并提出使动用法"将"字句的概念和定义。

一、"将"的使动用法与使役句

王力在《汉语语法史》中定义"使动用法"为，在上古汉语和中古汉语中的不及物动词、名词、形容词作及物动词使用，表示使宾语怎么样的意思。本书称这类语句为使动用法语句。

使动用法语句类似于英语中表达使役关系的单词式使役句（lexical causative construction），即用单个使役动词来表达使役关系的使役句。

使役句是世界各国、各地方语言中十分普遍的具有特定语义与表达方式的语句。为了说明使动用法的语义、词义，以及"将"的使动用法、各种"将"字句的演变，我们有必要先简单介绍一下使役句。

使役句可以从以下几个角度来理解：

第一，从语句变换的角度来看。在英语中，使役句由不及物动词作谓词的语句转换而来，并用使役动词（使役动词必为及物动词）的各种组合形式来表达使役关系。不及物动词作谓词的语句称为潜在语句（underlying）。其主语用 S 来表示，表达使役关系的语句称为引申语句（derived），主语为施

事（A），宾语为受事（P），从潜在语句转换为表达使役关系的引申语句，潜在语句的主语必然转换为引申语句的宾语(Dixon, 2000)。

第二，从效价变化的角度来看，使役语句是效价提高的一种方式。从潜在语句引申为使役语句，必然包含着语句中动词的效价提高一个数目（Payne, Thomas E. 1997）；如谓词从不及物动词变换为及物动词，效价必然也提高一个数目。

第三，从语义与词义变化的角度来看，不及物动词作谓词的潜在语句在语义上是有关某一主题（theme）的某个事件（event），即有关某人某物的某一行为与运动状态。而使役句的语义则由两个主题的两个事件组成，第一个主题为使役者（causer），其相关事件为起因事件（causing event）；第二个主题为被使役者（causse），其相关事件为结果事件（caused event）。因此，使役句的语义即所谓使役义，为某人或某物的行为导致了他人或他物的某一行为或存在状态（存在状态包括状态变化或保持某一状态）。

第四，从使役句的类别来看。在不同国家或地区的语言中，可用不同方式表达使役句，如单词式（lexical construction）、迂说式（periphrastic construction）、连动式（serial verb construction）等。

单词式使役句（lexical causative construction）是用单个使役动词来表达使役关系的语句，即由不及物动词作谓词的语句转换而来的，由相同不及物动词作及物动词使用的使役句。英语中这些既可作不及物动词、也可作及物动词使用的动词称为单词式使役动词，如 walk, march, trip, explode, melt, dissolve 等。与其他形式的使役句相比，从表达行为与行为的结果来说，单词式使役句的语义与使役单词的词义相同。

举例如下：

（A1）John tripped.

（A2）Mary tripped John.

（A1）为潜在语句，（A2）为引申语句。从（A1）引申为表述使役关系的（A2），（A1）的主语 John 成为（A2）中的宾语，（A1）中的不及物动词 trip 转化为（A2）中的及物动词 trip，（A2）中的动词 trip 的价目从 1 提高到 2 。显然，从（A1）到（A2），语句语义也发生了变化，（A1）表述的是 John 的状态，（A2）表述的是 Mary 的某种行为导致了 John 的状态。（A2）的语义完全体现在使役动词 trip 的词义中。

从语言比较的角度来看，在先秦文献中普遍存在的使动用法语句，即古汉语中的单词型使役句，是古代汉语中的不及物动词、形容词、名词的一种可能性使用功能，不及物动词、形容词、名词都可能在一定语境中作使动用法，可能多用，可能少用，也可能从来不用，这表现出古汉语的鲜明特点。

本书所论及的"将"作使动用法的语句，即《毛传》注释的、具有广义使役义的、"将"在《诗经》中作使动用法的语句，就属于古汉语中的单词式使役句，简称为使动用法"将"字句。

查尔斯等（Charles N. Li and Sandra A.Thompson，1976）从历时语言学的角度，表述了汉语使役句的不同表达方式，即使动用法、使成式、连动句以及处置式"把"字句的同期共存与前后相继的历史发展轨迹。

二、"将"作使动用法的词义

我们把使动用法中的谓词称为使动用法中的使役动词，用其笼统代表使动用法中的及物动词。我们可以说，某个不及物动词、形容词、名词是使动用法中的使役动词，但我们不能脱离使动用法来说这个词是使役动词。譬如，我们可以说在"尔欲吴王我乎？"（《左传》）中，"吴王"是这一使动用法语句中的使役动词（当然也是及物动词），但不能脱离这一使动用法语句，去说"吴王"是使役动词或及物动词。

那么，使动用法中的使役动词的词义是什么呢？我们通过"将"在《诗经》中的使动用法来说明。

根据上一节的内容，《毛传》从使动用法的角度来注解"将"在《诗经》中作及物动词使用时的词义，而后期训诂学家，包括郑玄、郭璞、孔颖达、朱熹等都曾用使成式来进一步解释"将"的相关词义，如"扶进""送行""分齐""送致""奉养""持遗"等。由此可以推论，"将"作使动用法的词义是与使成式的词义相同的，而使成式的词义就是使役义。

使成式的词义可以分解为两部分，一部分为施使义，即由及物动词代表的施事（人或物）作用于受事（人或物）的行为（本书称作施使性行为），如"分齐"的"分"；另一部分为受成义，由不及物动词或形容词代表，在施事的作用下，受事发生的行为或产生的状态变化（本书称作受成性行为或受成性效果），如"分齐"的"齐"。[①]

---

① 用使成式来表达使役关系的语言现象不只是汉语中有，也类似地存在于法语、西班牙语与意大利语等语言中（Dixon，2000），英语称为双动词谓语式使役句（Two verbs in one predicate）。不过，在其他语言中，双动词谓语式使役句的第一个动词一般为表现使役关系的抽象动词，如法语的 faire，而使成式的第一个单词是表示具体行为的动词。使成式的形式为复合词，是双动词谓语式中形式最简单的一种，当其表达使役关系时，英文译为 causative verb compound 或 causative compound。不过，使成式的复合词结构也可以表达不是使役关系的动补关系，如"走进""累死"等。

因"将"作使动用法的词义与使成式的词义相同,"将"作使动用法的词义也就是使役义,由此可推及一般使动用法中的使役动词的使役义。使动用法中的使役动词的词义为使役义,单词式使役句的使役动词具有使役义。

在词义上,使动用法中的使役动词与不及物动词、普通及物动词(regular transitive or simple transitive)都不同。在使动用法中,由于使役动词由不及物动词、形容词、名词代表,可以明确表达受事的行为与状态变化,即施事的行为效果,以此区别普通及物动词;从结构上看,因使动用法语句有施事与受事,谓词带有宾语,故谓词只能是及物动词,具有代表及物行为的词义,以此区别不及物动词等。

需要指出的是,不只是使动用法中的使役动词具有使役义,有些及物动词如"养""杀""克"等,也具有使役义,这些及物动词一般不作不及物动词、形容词、名词使用,我们把这种动词称为使役义动词。

王力(1989)把使成式看作使动用法的发展(有关使动用法、使成式及其相互关系的探讨可参见祝敏彻,1958,1963;梅祖麟,1991;李佐丰,1983;董秀芳,2007)。本书有关"将"的词义与用法的研究表明,使动用法之所以能发展为使成式,就在于两者的语言功能类似、词义相近,都可用于表述现实中的使役关系。使动用法与使成式的不同之处在于,前者的使役动词为单词,后者为复合词。使动用法只能直接表示使某物得到某种结果,而不能直接表示哪一种行为达到这一结果,达到结果的行为只能依文为义;而使成式的词义则可以由其构成部分(行为动词与行为结果动词)直接地表现出来。

就"将"而言,由于"将"的词义不能由自身来说明,也由于"将"的词义广泛,"将"代表的行为与行为所导致的结果都需要依文为义。因此,我们把先秦文献中的"将",称为使动用法中广义的依文为义的使役动词。

第四节　"将"的词义解析与后期"将"字句的可能关联

通过引用毛亨、毛苌至清代训诂学家的注释,以及对"将"在《诗经》及先秦文献中的大量例句的研究,上古时期"将"作及物动词时,主要有三个特点:

1."将"为使动用法中的使役动词,"将"的词义为使役义;

2."将"的词义需要依文为义;

3."将"的词义众多,用途广泛。

"将"作及物动词时的三个特点,奠定了"将"在《诗经》中的使动用法向隋唐时期产生的"将"字句演化的基础。

第一，作为使动用法中的使役动词，"将"的词义为使役义。先秦文献中"将"的使动用法的词义与隋唐时期"将"字句的语义相同，只是一个用单独的使役动词、一个用"将"字句结构分别表述相同的使役关系。

使役义可表述的为"某人或某物的动作行为导致了他人或他物的某种行为或状态变化"，显然，使役义与沈阳（1997）对"把"字句的定义是基本相同的，但与处置式的定义有所区别。

动词的处置义来自王力（1989）对处置式的定义，"就意义来说，它的主要作用在于表示一种有目的的行为，一种处置"。

使役义中施事的施使性行为是人的有目的的行为，这样的使役义即处置义，本书称之为处置使役义；而使役义中施事的施使性行为是自然事物或人的非目的性行为，这样的使役义本书称之为非处置使役义。使役义由处置使役义与非处置使役义组成，处置义只是使役义的一部分。

《诗经》中"将"作使动用法的例句中，大部分"将"的使役义为处置义，但也有2个例句为非处置使役义，即"乐之君子，福履将之"（《诗经·樛木》）和"国步蔑资，天不我将"。（《诗经·桑柔》）

第二，表达使役关系的方法从使动用法中的单个使役动词进化到复合词组与句式结构的过程中，"将"依文为义的特点决定了"将"的词义必然走向虚化。

在古代汉语中，表达使役关系的复合词（如使成式）是在使动用法的基础上进化的。在进化过程中，在使动用法中作使役动词的不及物动词或形容词不过是回归其本义，不会虚化。例如：

（42）a.春风又绿江南岸。（王安石《泊船瓜州》）

　　　b.春风又吹绿江南岸。

例句（42）a 中的"绿"为使动用法，词义为兼有施使义与受成义的使役义。当 a 中使动用法的"绿"转化为 b 中的使成式"吹绿"，两种语义没变。不过，在 b 中，因"吹"代表了使成式中的施使义，"绿"只是代表了使成式中的受成义，相对 a 而言，"绿"的词义发生了变化，但"绿"只是回归其作形容词的本义，没有虚化。

使动用法中的"将"不一样。"将"的施使义与受成义都需要依文为义，当人们在"将"作使动用法的基础上，用复合词来重新表达"将"的使役义，人们必须用施使义词与受成义词分别代表"将"的施使义与受成义，如"送将行""分将齐"等，则"将"成为词缀，词义完全虚化了（此处有关"将"为词缀的解释，见王力，1989；祝敏彻，1957）。

第三，在使动用法中，"将"的词义众多，且用途广泛，分别用于导致语句中受事的各种行为或状态变化，因而足以形成以"将"为代表的某种句式。

当普通不及物动词、形容词、名词作使动用法时，其受成义必须是明确而具体的，因而一般为其本义，如"乐""活""绿"等。当这类词与施使义动词构成某种关系的句式时，它们只是这种句式的一个特例，如"吹绿"只是使成式的一个特例，不会构成以"绿"为代表的某种句式。

"将"不一样。"将"作使动用法时词义众多，表达了各种行为导致受事的多种行为与状态变化，加之词义依文为义，更加方便灵活应用，所以能形成以"将"为代表的句式。

第五节　表达意愿与作能愿动词使用的"将"

在《诗经》与其他先秦文献中，当"将"不作使动用法以及不在相关词义（如不及物动词）上使用时，"将"往往作为表示意愿的动词与能愿动词使用，而且"将"的具体词义也需要依文为义。

一、"将"在表达意愿、作能愿动词时的词义

在《诗经》与其他先秦文献中，当"将"用于表达意愿时，可作动词使用，也可作能愿动词使用。

（一）动词：请、愿

"将"在请、愿的词义上作动词使用。例如：

（43）将仲子兮，无逾我里，无折我树杞。（《诗经·将仲子》）

"将"：《毛传》注为"请"。根据刘毓庆、李蹊（2011）的注释，"将"的词义应当为"求"。"将仲子兮"意为"求求你了，仲子哥啊"。

（44）将子无怒，秋以为期。（《诗经·氓》）

"将"：《毛传》注为"愿"，《郑笺》注为"请"。

（45）将叔勿狃，戒其伤女。（《诗经·大叔于田》）

"将"：《毛传》无注，《郑笺》注为"请"。"狃"为习气、习惯。

（46）载输尔载，将伯助予。（《诗经·正月》）

"将"：《毛传》注为"请"。"伯"为老兄、长辈。

（二）能愿动词：欲、想要、要、打算、准备

（47）逝将去女，适彼乐土。（《诗经·硕鼠》）

"将"：《毛传》《郑笺》《正义》均无注，但释文有将要、将会之意。

（48）大叔完聚，缮甲兵，具卒乘，将袭郑。（《左传·隐公元年》）

"将"：欲。

（49）将饮河而不足也，将走大泽，未至，死于此。（《山海经》）

"将"：欲。

（50）公将鼓之。（《左传·庄公十年》）

"将"：想要。庄公想要击鼓进军。

（51）夫人将启之。（《左传·隐公元年》）

"将"：打算。夫人打算到时候打开城门。

（三）能愿动词：将会、必将，副词：将要、就要、即将、相将等

（52）谁将西归？怀之好音。（《诗经·匪风》）

"将"：《毛传》《郑笺》《正义》均无注，但其释文有愿或将会之意。

（53）为犹将多，尔居徒几何？（《诗经·巧言》）

"将"：《毛传》无注。《郑笺》注为"大"。可注"必将"。犹：通猷，意为计谋、算计。"为犹将多，尔居徒几何？"大意为：你的阴谋诡计必将越来越多，可又有几个党徒追随你呢？

（54）将恐将惧，维予与女。（《诗经·谷风》）

（55）将安将乐，女转弃予。（《诗经·谷风》）

（56）将恐将惧，置予于怀。（《诗经·谷风》）

（57）将安将乐，弃予如遗。（《诗经·谷风》）

"将"：《毛传》无注；《郑笺》注为"且"；刘毓庆、李蹊（2011）注为"方""当"，均为"就要"的意思。

（58）将翱将翔，佩玉琼琚。（《诗经·有女同车》）

"将"：《毛传》无注；刘毓庆、李蹊（2011）注为"即将"。"将翱将翔"是用飞鸟在起飞前刹那间呈现出来的动态，来形容同车美女的身材之轻盈美妙。

（59）将翱将翔，弋凫与雁。（《诗经·女曰鸡鸣》）

"将"：《毛传》无注，刘毓庆、李蹊（2011）注为"且""就要"的意思。

（60）于皇来牟，将受厥明。（《诗经·臣工》）

"将"：《毛传》无注；于皇：叹美之辞；米牟：小麦。"将受厥明"，刘毓庆、李蹊（2011）引郭沫若，读为"将抽其芒"，指麦子将要抽穗。将：将要；受：通抽；厥：其；明：与芒古音近，相通。

（四）"将"表达应当、理应等

（61）君，将纳民于轨，物者也。（《左传·隐公五年》）

"将"：应当。当君王的，应当把人民的行为纳入法律与礼制的约束之中。

二、为何"将"可作能愿动词等使用

为何"将"在《诗经》与先秦文献中可在多种词义上作表达意愿的动词与能愿动词使用呢？本书的解释是，"将"的这类词义来自它作使动用法的词义延伸。作为使动用法中的使役动词，"将"的词义中包含有趋向性，如主观目的性、人或物移动的方向、人或物状态的变化等。当趋向性成为"将"的全部词义，"将"就从具有使役义的动词转化为表达意愿的动词、能愿动词或具有时间趋向性的副词等。从《诗经》与先秦其他文献的例句来看，"将"在趋向性词义上分别使用于三个方面：

1. 主观意愿趋向性，包括请求、想要、打算等。

2. 主观可能性与客观趋向性，如将要、将会、必将等。

当主观可能性与客观趋向性走向极端，就成为确定性，那么"将"的词义可延伸为"惟"或"是"。例如：

（62）寡君将君是望，敢不稽首。（《左传·襄公三年》）

"将"：裴学海《古书虚字集释》注为"将：犹惟也"。

（63）古之善为道者，非以明民，将以愚之。（《老子》）

"将"：《汉语大字典》注为"相当于'是'，与'非'相对"。

可能性与趋向性都包含着不确定性，故"将"可表示假设如果、假若。例如：

（64）将听吾计，用之必胜。（《孙子兵法·计篇》）

3. 道义趋向性，如应当等。

在《诗经》与其他先秦文献中，当"将"为趋向性词义使用时，并不区分主观意愿趋向性、客观趋向性与道义趋向性，故"将"的具体词义仍需要依文为义。

需要补充的是，"将"还有一类词义可能来自其词义"送行"所显现的意象，即施事与受事在空间路径中一起移动。这种空间并存性意象引申为词义"相并"，隋唐诗句中又引申为"傍""和""与"等。例如：

（65）维士与女，伊其将谑，赠之以芍药。（《诗经·溱洧》）

"将"：《毛传》无注；《郑笺》注为"大"；刘毓庆、李蹊（2011）引闻一多《风诗类钞》注为"将，相将也。相将犹相并"。

第六节　有关"将"为假借词的质疑

在《诗经》中，当"将"的词义被注解为"请"时，《正义》把"将"的字音注为"请"。例如：

（66）将其来施施。（《诗经·丘中有麻》）

"将"：《毛传》《郑笺》均无直接注解；《正义》解释道；"王申：毛如字。郑：七良反。"根据《正义》对《郑笺》的解读，"将"的词义为"将欲"，"其将欲来，舒行施施然"，"将"的发音应为"请"。段玉裁解释道："如愿请是一义，将读七羊反。"不过，我们不应当把《正义》依《郑笺》之义对"将"的注音作为"将"是某种通假字的依据。根据《正义》的另一注解"王申：毛如字"，可见王申认为，就《毛传》而言，"施施，难进之意"，"将"的发音应是"将"的本音，而不应依据《郑笺》解读的某一特殊词义。又如：

（67）为犹将多，尔居徒几何？（《诗经·巧言》）

"将"：《毛传》无注。《郑笺》注为"大"。《正义》注为"大"，音"泰"，一又如字。根据《正义》的注解，"大"的发音在此为"泰"，但"将"的发音还是可以"一又如字"，即根据"将"本字来发音。

上面两个例子说明，"将"字的发音就是"将"，当"将"在"欲""愿""请"等相近词义上使用时，《正义》注音为"请"，是后人"因义赋音"，这和通假字是完全不同的，通假字的特点是"借音赋义"。而且，当"将"在其他不同词义上使用时，其发音一般并不依词义而变化。用假借字来解释"将"的某一词义，难以解释"将"的多种词义，如难以用假借字来解释"将"作能愿动词使用时的多种词义。

再者，清代不少训诂学家把"将"看作"牂"的假借词，如余樾、孙诒让、马瑞辰、汪继培、段玉裁等。段玉裁在《说文解字注》中说："古诗'好事相扶将'当作扶牂。字之假借也。"段玉裁把这一说法的源头归于《玉篇》。但《玉篇》的说法是"牂：子羊切，扶也，今作将"。也就是说，当时"牂"已被"将"取代，《玉篇》并没提出在先秦文献中"将"是"牂"的假借字。

清代训诂学家余樾等把"将"看作"牂"的假借词，应源自《郑笺》。《郑笺》把"无将大车"中"将"的词义解释为"扶进"。《诗经》中还有另外 6

处，《毛传》注为"大"或无注，《郑笺》均注为"扶助""助"。虽然"扶进"为使役义，但后期学者多解释为"助"（祝敏彻，1957）。根据《毛传》，当"将"以"行"或"大"的词义作及物动词使用，"将"为使动用法，"将"的词义具有使役义；而一般说来，"助"只是代表及物行为的普通动词。把"将"看作"牁"的假借词，把"将"的多种词义视为"扶"的引申义"扶助""助"等，是与《毛传》相冲突的。

王力在《中国语言学史》（2006）中说："一个字往往有两个以上的意义，除了本义之外，有引申义，有假借义……这类字叫区别字。区别字都是后起的。而《说文解字》作为本字收入正篆里则是错误的。"王力举出的例子中有"牁"字，"牁，扶也"，并引朱骏声曰："古诗'好事相扶将'。以'将'为之，经传皆以'将'为之。"

王力引清代训诂学家朱骏声言，说明"牁"只是"将"的以"扶"为引申义的区别字，应后起于"将"，推而言之，把"将"看作"牁"的假借字是不妥的。

总之，把"将"看作"牁"的假借字只是清代某些训诂学家的流行说法，并非唐以前训诂学家们"注《诗》宗'毛'"的主流看法，这一说法对"将"的词义演化与隋唐"将"字句的形成没有影响。而且，把"将"看作"牁"的假借字，也解释不了"将"的众多词义。

第三章 《左传》中的"将"以及 "将"的词义演变的原因与方式

在第二章所引用的先秦文献中，没有包括《左传》，主要原因在于，"将"在《左传》中的词义及其在秦汉至南北朝期间的演变，表现出《左传》是"将"的词义的另一个主要源头的语言现象。相对《诗经》而言，《左传》中"将"的词义、使用范围和主要功能都有很大的不同，不过，追本溯源，本章将说明"将"在《左传》中的词义仍是源于《诗经》的，并将探讨《左传》中"将"的主要词义以及从《诗经》至《左传》"将"的词义演变的原因与方式。

第一节 "将"在《左传》中的使用概况与动词词义

在《左传》中，"将"主要作为普通及物动词"率领"、狭义的使役义动词以及能愿动词（包括副词）这三大类词使用。

一、普通及物动词"将"的"率领"词义

在《左传》中，作为动词，"将"主要在"率领"的词义上作普通及物动词使用。例如：

（1）赵盾将中军，先克佐之。（《左传·文公七年》）

"将"：统率或率领；佐：辅助。在这里，"将"与"佐"都是普通及物动词，仅仅表示动作行为，而不像前面提到的使动用法中的使役动词，兼有动词的施使义与受成义，同时表达动作行为及其获得的效果。"将"与"佐"只是说明赵盾与先克的职位功能，而不是说赵盾或先克正在率领或辅助部队作战。因此，在此句的上下文中，"将"与"佐"都没有使语句中的受事"中军"发生动作或状态变化的含义。

在《左传》中，在"将"作及物动词使用的 52 个例句中，有 47 个例句"将"的含义与例句中"将"的含义完全相同，占所有及物动词的 90%。

二、"将"为狭义的使役义动词

在《左传》中,"将"仍然保留着某种狭义的使役义,即在施事的作用下,施事与受事在空间路径中共同运行,这样的例句共有3个(另一"将"为使役义动词的例句引自《诗经》中的《我将》,故不在考虑之中)。例如:

(2)楚子使道朔将巴克以聘于邓。(《左传·桓公九年》)

"将":携行。

(3)蔡穆侯将许僖公以见楚子于武城。(《左传·僖公六年》)

"将":携行。

(4)工尹齐将右拒卒以逐下军。(《左传·宣公十二年》)

"将":率领……作战。

王力(2000)把"楚子使道朔将巴克以聘于邓"中的"将"解释为"携带"。但"将"具有"携邓克从楚至邓"的含义,故对"将"的词义更加全面、明确的注释应为使役义"携行","携"为施使义,"行"为受成义。显然,"将"在例句(3)中的词义同为"携行"。

我们来看例句"工尹齐将右拒卒以逐下军",在此语句中,"将":率领……作战;"右拒":右阵;"卒以":终于。"将"明显具有施使义动词"率领"与受成义动词"作战"的双重含义。全句的含义为:工尹齐率领右阵将士与下军作战,最终将下军赶跑了。

《史记》有一语句"良将行其师,贤相通其谋",其中"行"为使动用法,其具体含义为部队的各种军事行动。显然,只有杀敌攻城,斩将夺塞,军队才能前行。由此可见,例句(4)中"将"的词义"率领……作战"由"行"的使动用法中的使役义引申而来。

在《左传》中,"将"只是在上面三个例句中具有某种狭义的使役义,已不再使用在使受事发生其他行为或状态变化的语境中;加之,在《左传》中,"将"也不再在"行"的词义上作不及物动词使用。因此,我们可以说,在《左传》中,"将"仍可作狭义的使役义动词使用,但不宜把"将"视为使动用法中的使役动词。

这里,我们回到《说文解字》对"将"的本义的解释,将,帅也,帅当作衔。"率"的本义为"率:将也"。《说文解字》对"将"的词义的解释,完全适应于《左传》中"将"作及物动词使用时的例句,因《说文解字》把"将"看作"率"的转注词,《说文解字》对"将"本义的解释很可能就是源于"将"在《左传》中的用法和词义。

三、"将"的主要用途为能愿动词

我们对"将"在《诗经》与《左传》中的各种用途进行了统计，结果如表 3-1、表 3-2 所示。

表 3-1　"将"在《诗经》中的用途

类型	使动用法中广义的使役动词及相关谓词	能愿动词（包括副词）	名词、形声词等	总数
数量	34	28	13	75
百分比	45.33%	37.33%	17.33%	100%

从表 3-1 来看，"将"在《诗经》中主要作两大词类使用，使动用法中广义的使役动词（包括作谓词的相关不及物动词与形容词）占到"将"的使用总数的 45.33%，而能愿动词（包括副词）占"将"的使用总数的 37.33%。

表 3-2　"将"在《左传》中的用途

类型	狭义的普通动词或使役义动词	能愿动词（包括副词）	名词	总数
数量	52	806	10	868
百分比	5.99%	92.86%	1.15%	100.0%

从表 3-2 来看，在《左传》中，"将"主要作为能愿动词（包括副词）使用。在"将"的使用率上，狭义的普通动词或使役义动词仅占使用总数的 5.99%，而能愿动词（包括副词）占使用总数的 92.86%。

第二节　"将"的词义演变的原因与方式

在《左传》中，"将"基本上是用"率"的词义作及物动词使用，符合《说文解字》给出的"将"的本义。但除了第二章对"将"的本义的质疑，我们有以下几点理由认为，"将"在《左传》中的词义来自《诗经》已经开始的"将"的词义的演化。

第一，《诗经》早于《左传》。相传《诗经》由孔子（前 551—前 479）编录，收集了从西周初期至春秋中叶的诗歌（前 11 世纪—前 6 世纪）。而现在一般认为，《左传》的成书期间大约在战国中期（前 375—前 351 年）。

第二，"将"在《诗经》中的词义包含着"将"在《左传》中的词义。

根据《郑笺》与《正义》，《诗经》中"将"的词义可解释为"率行"，则

"将"的词义"率",是"将"以"行"的词义作使动用法的使役义中的施使义。

第三,虽然《左传》以及从汉至南北朝的《史记》《汉书》《世说新语》中,"将"的词义同属于狭义的使役义,但《左传》中"将"的受事只是人,没有物,而《史记》《汉书》《世说新语》中,"将"的受事虽然基本上都是人,但都可以是物。因此,"将"在《史记》《汉书》《世说新语》中的词义,仍然需要从《左传》追溯到"将"在《诗经》中的狭义使役义。

(5)太尉将之入军门。(《史记·吕太后本纪》)

"将":持;之:将军之印。

(6)终不敢复将其累重还归故地。(《汉书·赵充国辛庆忌传》)

"将":载运。

(7)乃使元方将车,季方持杖后从。(《世说新语》)

"将":驾驭……前行。

第四,从汉语表达与解读的角度来说,"将"在《诗经》中的词义与用法的特点,决定了"将"在词义与用法上演变的必要性。

第五,从先秦文献来看,存在着"将"的词义与用法演变的不同方式与途径,主要有缩减法、词析法、句析法三种。从《诗经》到《左传》,"将"作及物动词的词义与用法的变化方式,主要是缩减法。

下面我们将分别讨论上面的第四与第五。

一、"将"的词义演变、用途减缩的原因

本节将分析从《诗经》到《左传》短短数百年间,为何"将"不再作使动用法且失去了广泛的使役义。

中国文言文存在着一个缓慢的逐渐演变的过程,"将"的词义演变与这一过程密切相关。不过,"将"的词义变化与"将"在广泛的词义上作使动用法时所导致的在表达与解读上的天然缺陷,有着更为直接的联系。

作为使动用法中的使役动词,首先,"将"的词义为使役义,具有施使义与受成义的综合词义;其次,"将"的使用十分广泛和灵活,可作多种用途,具有多种词义;最后,"将"在使用中的具体词义,只是笼统模糊地隐含在上下文中,需要读者依文为义地解读或赋予,这就给后人解读《诗经》等先秦古文带来了很大不便,容易造成困惑与误读。

就《毛传》与《郑笺》来说,在第二章"将"作谓词的 34 个语句中,有关"将"的注解,有 13 个诗句不同。"将"作及物动词时,《毛传》注解为使动用法或使役义;而清代许多训诂学家和现代学者,根据《郑笺》不同于《毛

传》的注解，或把"将"看作"牂"的假借词，或把"将"看作普通及物动词。

同一句"无将大车"，《郑笺》注为"扶进"，刘毓庆、李蹊（2011）注为"推进"，本书理解为"驭行"。这三种不同解释，恐怕都能自圆其说，完全取决于释译者对全诗含义的解读。从诗无达诂的角度来说，把"无将大车"中的"将"注为"扶进""推进"或"驭行"，都无伤大雅，而且也不影响对"将"的使役义的理解。但诗歌中的词是用来表达诗意的，如果词本身的含义还要通过全诗的诗意来确定，就难免在感受与理解文本方面给读者带来阅读时的困惑。

再以《论语》中的语句为例。

（8）厥党童子将命。（《论语·宪问》）

马融解释为"将命者，传宾主之语出入也"，但"将命"在传送口信的方向感上并不明确，只是隐含在上下文中。有人把"厥党童子将命"解读为"厥党童子为别人带口信给孔子"，也有人解读为"厥党童子帮孔子带口信给别人"，各持一说，全看解读者对语句上下文的理解。

由于"将"在《诗经》中作使动用法，虽然含义丰富、用途广泛，却受限于模糊示意，难以明确表达语义，在解读中更需要依文为义，容易引起困惑与误读，由此导致了"将"的用法与词义演变的第一种途径，也是最简便的途径，即"将"从《诗经》中作使动用法的广义的使役动词转变为《左传》中狭义的普通及物动词与使役动词，"将"的使用范围大大减缩了，而以前用"将"来表达的词义，就由其他具有明确含义的词汇来表示了。

比较"将"在《诗经》与《左传》中的使用，不管是从表达还是从解读的角度而言，"将"在《左传》语句中的词义都变得相对明确和具体，如在与"赵盾将中军，先克佐之"类似的语句中，"将"的词义就是在普通及物动词含义上的"率领"，几乎不会引起任何解读上的歧义和由之产生的困惑。

二、"将"的词义演变方式的概念与定义

根据对先秦至隋唐"将"的词义演变与"将"字句结构形成的历时研究，"将"的词义演变既不是通过在某种语句结构中逐渐演变的途径来实现的，也不是近乎一种无迹可寻的语法化过程（对"将"在特定语句结构中语法化的详细讨论见第八章）。在《全唐诗》中出现的一种新型"将"字句即"将"后置处置式，"将"原有的使役义或者弱化或者虚化了，但"将"后置处置式建立在前期"将"字句的四种语句结构上，如主动宾句、动宾句、受事主语句、连动句。因此，"将"在"将"后置处置式中的词义变化不可能是通过某种语

句结构中的语法化来实现的（详细讨论见第七章）。

　　本书将表明，"将"的词义演变是后人用某种方式重新表述"将"在前期"将"字句中的词义来实现的，也就是说，漫长的"将"的词义的演变过程不是无迹可寻的，而是与词义或语义新的表达方式直接相联系的变化过程。如"将"连谓使役式一旦产生，相对于"将"在《诗经》中作使动用法的使役义而言，"将"在"将"连谓使役式的词义弱化了，只剩下动词的施使义，或者说只剩下"将"在连动句中作简单及物动词使用的词义。自汉朝起数百年期间，"将"在"将"连谓使役式中的词义一直没有变化；直到南北朝时期，人们用一种词义解析的方式重新表达"将"在"将"连谓使役式中的词义，由此构成"将"后置处置式语句，"将"的词义才彻底虚化了。我们用下列例句显示"将"的词义从使动用法"将"字句到"将"连谓使役式再到"将"后置处置式的变化。"之子于归，远于将之。"（《诗经·风·燕燕》）根据《毛传》《尔雅注疏》等，"将"的词义为使役义"送行"。"从猎，将其二儿俱行。"（《世说新语》）"将"为连动句中的简单及物动词。"遂携将家属逃入深山。"（《后汉书·蔡邕传》）"将"的词义虚化了。

　　既然"将"的词义变化是后人通过使用某种方式重新表述"将"在前期"将"字句中的词义来实现的，那么，"将"的词义演变途径的含义是什么呢？

　　本书在使用"'将'的词义演变途径"时具有下面两重含义：

　　第一，人们对"将"在新的表达方式中的词义的认识有一个逐渐变化的过程。自先秦始，人们就用复合词"将欲""将请""必将""将养"来分别表达"将"的词义"欲""请""必""养"。当人们开始用包含"将"的复合词来表达"将"的词义时，是知道"将"的原有具体词义的。可是，由于"将"的词义在复合词中被其他词义与词性相同的词代表，长此以往，人们不再追问以致遗忘了"将"本身的原有词义，"将"的词义就被虚化了，"将"成为复合词中的词缀。

　　第二，当人们用新的方式来表达"将"在前期"将"字句中的词义，往往力求更加明确、具体地表达"将"的词义，也意味着"将"的词义表达方式的进化或"将"字句表达形式的进化。长此以往，旧的"将"字句将逐渐淘汰，"将"在旧的"将"字句中的词义也随之逐渐消失，最终只剩下在新的"将"字句中弱化或者虚化了的词义。致使式"将"字句产生在现代处置式"把"字句的前身"将"前置处置式之前，后者是在前者的基础上发展起来的。"将"

在致使式中仍为动词，具有致使的动词词义，但在处置式中虚化了。可是，由于"将"前置处置式比致使式"将"字句的表现力更加强大，致使式"将"字句迅速衰退，以至于现代相关研究者一直忽略了致使式"将"字句在《全唐诗》中的大量存在，而为现代处置式"把"字句中存在着"将"的词义没有虚化且具有致使义的例句感到迷惑。

自先秦至隋唐，当用新的方式表达"将"在前期"将"字句的词义时，人们采取了两种特点鲜明、相互区别的方式，我们把这两种方式一种称为词析法，一种称为句析法。

为了后面叙说的方便，在这里我们需要先给出"将"的词义变化的词析法、句析法以及词义弱化与虚化的概念和定义。

在含有"将"的原语句基础上，如果用包含"将"的复合词（"将"与其他词义、词性相同的词构成的复合词）来解析与重新表达原需要依文为义的"将"的词义，这一方法不改变原语句的结构（不形成新的句型或新的句式），即不改变原语句的语法成分及其相互关系，这样的方法被称为词析法。

人们用复合词"携将"来解析并重新表达"将"所具有的动词词义"携"，在复合词"携将"中"将"的词义虚化了，但语句的结构基本保持不变，仍为连动句，这里采用的方法即词析法。

在含有"将"的原语句基础上，如果用包含"将"的新的语句结构（新的语句结构意味着新的句型或新的句式，如从单句转化为复句；或在同一句型中从一种句式转化为另一种句式，如从致使式转化为处置式）①，即"将"与其他词义、词性相同的词或其他语句成分构成的具有新的语法成分及其相互关系（前后秩序）的语句结构，以解析与重新表达原需要依文为义的"将"的词义，我们称作"将"的词义演变的句析法。

人们用连动结构"将……行"来解析并重新表达"将"所具有的使役义，由于在连动结构中"行"代表了使役义中的受成义，"将"只具有使役义中的施使义"携"或"领"，故相对于"将"所具有的使役义而言，"将"的动词词义弱化了，形成了新的连动句结构。这种用新的语句结构解析并重新表达"将"在前期"将"字句中的词义的方法即句析法（有关句析法的详细分析见第四至六章）。

当通过词析法或句析法，"将"原有的部分具体词义为其他词或语句成分所代表，则定义为"将"的词义被弱化了；当"将"原有的全部具体词义被

---

① 有关句子的句型与句式的定义，本书采用《现代汉语语法教程》（丁崇明，2009）中的定义。

其他词或语句成分所代表，则定义为"将"的词义被虚化了。

通过对例句的解说可以看到，在新的词析法或句析法的表达方式中，由于"将"的词义在语句中被明确具体且直接地表达出来，不再需要依文为义，整个语句语义的表达能力得到了提高和加强。

三、"将"的能愿动词词义的弱化方式

作为能愿动词，"将"的词义在先秦文献中就开始以词析法的方式弱化或虚化。具体方式为，"将"与某一词义、词性均相同的其他词构成复合词，用来解析与表达"将"的原有词义。相对于使用单一词"将"而言，在使用复合词时，因"将"的具体词义被其他词在同一语句中明确地显示出来，不再需要依文为义，语句的语义表达力显然强化了，表达力更加清晰，也更加具体。但是，由于"将"本身的具体词义被其他词所代表，久而久之，读者就不会再去追问"将"的本义，而"将"自身的词义就在复合词中被弱化了，甚至完全消失了，"将"成为复合词中的词缀。词析法是"将"的能愿动词词义弱化或虚化的主要方式与途径。例如，词义为"欲"的"将"，被"将欲"所取代；词义为"请"的"将"，由"将请"来代表；词义为"必"的将，被"将必"或"必将"所取代等。我们还将看到，词析法也是"将"的使动用法中的使役义在新的语句中弱化或虚化的两种主要方式之一。

下面将根据词义逐一探讨"将"是怎样以词析法的方式实现词义弱化或虚化的。

（一）词义为"欲"的"将"由复合词"将欲"来代表

在《诗经》所在的商周期间，文献中有"将"的词义为"欲"的例句，但不见"将欲"的例句。自春秋中后期起，复合词"将欲"替代"将"以表达词义"欲"的例句已大量涌现。例如：

（9）将欲取天下而为之，吾见其不得已。（《老子》）

（10）将欲弱之，必先强之。（《老子》）

（11）将欲辩是非厉害之故。（《墨子》）

（12）人主将欲禁奸，则审合刑名者，言异事也。（《韩非子》）

（13）王沿夏，将欲入鄢。（《左传》）

（14）夫差将欲听与之成，子胥谏曰"不可"。（《国语》）

在上述例句中，"将"与"欲"组成了复合词"将欲"，"将"的词义在复合词中由"欲"直接代表并表现出来。相对于使用单一的能愿动词"将"而

言，复合词"将欲"的词义更加明确和具体，"将"的词义不再需要依文为义，复合词"将欲"提高和加强了对语句语义的表现能力。但与此同时，由于"将"的词义被其他词义与词性相同的词"欲"代表，人们不再追问"将"本身的词义，久而久之"将"的词义就被虚化了，而成为词缀。显然，用"将欲"替代"将"这种词析法来表达相同词义不会改变原有语句的结构。

自春秋战国起，文献中"将欲"在"欲"的词义上一直使用到清朝。例如：

（15）只见那一双蝴蝶忽起忽落，来来往往，将欲过河去了。（《红楼梦》）

（16）先是盗执生妻，悦其美，将欲淫。（《聊斋志异》）

（17）将欲上床取乐，忽听得打门甚急。（《五美缘》）

（二）词义包含"请"的"将"由复合词"将请"来代表

自战国起，词义为"请"的"将"由复合词"将请"来代表的例句散见于多部文献中。例如：

（18）文子将请之于楚。（《国语》）

（19）晋王将请受道法，则辞以时日不便。（《北史》）

（20）将请尚方断马剑，斩足下，当北面请命，死犹生也。（《大唐新语》）

在上述语句中，"将请"的含义与《诗经》中"将叔无狃，戒其伤女""载输尔载，将伯助予"等例句中"将"的词义相同。但由于在后期文献里"将"与"请"构成了复合词，《诗经》这些例句中"将"的部分词义被复合词中的"请"所代表，逐渐地，"将"的词义"请"以复合词的方式替代，人们不再追问"将"的词义。

（三）词义为"必然"的"将"由复合词"必将"来代表

与"将欲"类似，自战国起，复合词"必将"已出现在不同文献中，替代了以"必然"为词义的能愿动词"将"。例如：

（21）若唯无诏，王公必将乘人而斗其捷。（《庄子·人世间》）

（22）不筑，必将有盗。（《韩非子》）

（23）木尚生，加涂其上，必将挠。（《吕氏春秋》）

（24）将或饵之，虽曰不可，必将许之。（《左传·襄公二十七年》）

（25）天未绝晋，必将有主。（《左传·文公元年》）

在上面例句中，"将"作能愿动词时包含的词义"必然"为"必"所代表，"必"与"将"构成了复合词，当人们不再追问"将"的具体含义，"将"在《诗经》中作为能愿动词的词义"必然"就在复合词中被替代了。

第三节 "将"的动词词义的演变方式

在《诗经》等先秦文献中，"将"的动词词义已经以词析法与句析法两种方式开始演变，并形成了语义、结构、词义都与隋唐时期的新型"将"字句类似的原始"将"连动句。

一、"将"的动词词义以词析法方式弱化或虚化

在《诗经》中，当"将"作为形容词使用时，已出现"将"的词义以词析法方式虚化的句子。例如：

（26）以假以享，我受命溥将。（《诗经·烈祖》）

"将"：《毛传》无注；《郑笺》注假：升；享：献；溥：大。《郑笺》对"以假以享，我受命溥将"的解释为，"（指助祭的诸侯）以此来朝，升堂献其国之所有，于我受政教、至祭祀，又溥助我"。

"溥将"：刘毓庆、李蹊（2011）注"大而长"；"以假以享，我受命溥将"解释为"各国诸侯来这里助祭，我们的受赐是又大又长"。

从诗句的诗意来看，刘毓庆、李蹊（2011）的译注相比《郑笺》似乎要更顺畅、妥帖。从"将"本义的引申而言，把"将"注为有别于"大"的"长"也是说得通的。因此，"溥将"可以看作"溥"与"将"在词义上的叠加，以达到词义扩大与强化的表达效果。

不过，"大"是"将"在《诗经》中常见的具体词义，只是这一词义需要依文为义，而"溥"的本义为"大"，就存在着这样的可能性，"溥将"这一复合词的词义也就是"大"，而且，因"将"的具体词义"大"已由"溥"在语句中直接表现出来，读者不再需要依文为义地去追究"将"的词义，久而久之，"将"的词义"大"便以词析法的方式弱化或虚化了。

当"将"作及物动词使用时，"将"在使动用法中所具有的使役义以词析法方式弱化或虚化的例句也出现在先秦以及秦汉其他文献里。例如：

（27）今予以尔有众，奉将天罚。（《尚书·胤征》）

"将"：行；奉将：奉行。在《诗经》类似的语句中，单一动词"将"可以包含"奉行"的全部含义，如"肃肃王命，仲山甫将之"（《诗经·烝民》），当"奉"与"将"构成复合词"奉将"时，"将"仅保留使役义的部分含义"行"，"将"的词义以词析法的方式弱化了。

《尚书·胤征》可能是汉晋时期的伪古文，不过并不影响这一论断，即词析法为动词"将"的使役义弱化或虚化的方式之一。

在汉朝期间，"将"的使役义以词析法方式虚化的例句有：

（28）是故圣人将养其神。（《淮南子》）

（29）宾客来者，微知淮南、衡山有逆计，皆将养劝之。（《汉书·淮南衡山济北王传》）

"将"与"养"构成复合词"将养"，"将"在"不遑将父"（《诗经·四牡》）这样的诗句里所具有的使役义"养"，直接为使役义动词"养"所代表，"将"的词义以词析法的方式完全虚化了。

二、原始"将"连动句以及"将"的词义以句析法方式弱化或虚化

在《诗经》中还有几个"将"与其他动词构成的连动句，语句的结构和语义都与在隋唐期间出现的"将"字句相同或类似，如"将母来谂""将其来食""将予就之"等。相对于"将"作使动用法的原始语句而言，在这些含有"将"的连动句中，"将"的部分或全部具体词义被其他词组或语句成分所代表，"将"的使役义或者弱化或者完全虚化了；而且，增添了新的语法成分，并形成了新的连动句语句结构。我们把这种伴随着"将"的词义弱化或虚化而形成了新的语句结构的方式，称作"将"的词义演变的句析法。

《诗经》中这些"将"与其他动词构成的连动句是最早出现的原始"将"连动句。这些原始"将"连动句有一个共同点，即《毛传》对语句中的"将"一概没有给出注释，仿佛这些语句中的"将"就像现代"将"字句中的"将"那样，难以明确解释。

下面我们逐一分析《诗经》中"将"与其他动词构成的连动句。

（30）是用作歌，将母来谂。（《诗经·四牡》）

"将"：《毛诗》无注。谂：《毛诗》注"念"。《郑笺》与《正义》都把"将"解释为"养"，而把"谂"注为"告"。而《尔雅·释言》注"谂：念也"。

"将母来谂"一句可以有两种解释：

第一，根据刘毓庆、李蹊（2011）的注解，这一诗句的含义为"将母亲来思念"。如果这一翻译是合理的，这一例句大概是最早的感知式"将"字句，因为"谂"的含义为思念，属感知性动词，不具有处置的含义。由此看来，最早的"将"字句不是处置式，而是感知式。

此诗句中的"来"为虚词，具有合目的性的含义，与诗句"征伐猃狁，蛮荆来威"（《诗经·采芑》）中的"来"字的含义相同。刘毓庆、李蹊（2011）注"来：语词；威：畏服之意"。

不过，《毛诗》注"谂"为"念"，当取"念"的诵读之义，则"谂"的词义应为"告"，与《郑笺》《正义》的注解相同，刘毓庆、李蹊（2011）的解释就不能成立。

第二，"将母来谂"可能是最早的处置式。

《郑笺》与《正义》都把"将"解释为"养"，与该诗前面的诗句"不遑将父"与"不遑将母"中的"将"的含义相同。但这样的解释很勉强。《诗经·四牡》是一首长期在外服役官吏的思乡之作。诗歌前面有忙于王事、无闲休息、思念故乡亲人的悲伤感叹，而思念母亲只是诗歌表达思乡的各种情感之一。"是用作歌，将母来谂"是全诗的点睛之笔，若只是把"养母之志"告知他人就与全诗的意旨不合了。

"将"的词义应为表达与传递情感。在《诗经·鹿鸣》中，"承筐是将"的"将"的词义就是表达和传递情感。根据人的天性和情感，当儿子在外当差，相较父亲而言，在家乡的母亲会更加挂念外出的儿子，因此，这首诗歌的作者要把他的思乡之情告诉他的母亲。

"是用作歌，将母来谂"的大意应为，"于是，我写下了这首歌曲，表达我的思乡之情，将母亲来告知"。

因"将"的词义原本为表达和传递情感，而这一词义又明确体现在动词"谂"中，所以"将"的词义在连动句中被虚化了。另外，"母"是语句中"将"的宾语，"母"的状态可能发生由"不知"到"被告知"的变化，根据处置式的定义，"将母来谂"也许是最早的处置式例句。

不管"将母来谂"是感知式还是处置式，"将"的使役义中的施使义由动词"谂"来代表，"将"的使役义至少被弱化了，而且动词"谂"与意向词"来"一起放在"将"的宾语"母"之后，相对"将"作使动用法的主动宾结构而言，诗句"将母来谂"形成了与现代"把"字句结构相似的新的语句结构。

（31）丘中有麻，彼留子嗟，
彼留子嗟，将其来施施。
丘中有麦，彼留子国，
彼留子国，将其来食。
丘中有李，彼留之子，
彼留之子，贻我佩玖。（《诗经·丘中有麻》）

"将"，《毛诗》无注。在《毛诗》的序中，《毛诗》把这首诗的主旨解释为"思贤"，"《丘中有麻》，思贤也。庄王不明，贤人放逐，国人思之，而作是诗也"。但围绕这样的主旨来理解此诗会显得十分牵强附会，难以解释这首诗的写法，也难以解释诗句中意象之间的联系。

朱熹在《诗集传》中对《丘中有麻》的解读为"此一淫奔者之词"；闻一多把诗句中的"食"解释为"性交"；刘毓庆、李蹊（2011）也把这首诗的主题解释为情诗。如果我们把这首诗看作情诗，该诗的诗意就很好理解了。

这首诗的每一段都表达了女诗人对不同的求欢或求爱的情郎的态度。"丘中有麻"的"麻"是用来做绳子、粗布的粗糙纤维，有"难缠"之意。而"将其来施施"中的"施施"，《毛诗》注为"难进之意"。诗首的"麻"与诗尾的"施施"遥相对应，表达了诗人对那个叫"留子嗟"的拒绝之意，而"将"则起到了联系"麻"与"施施"的作用。所以，"将"的词义应为"致使"或"导致"。"将其来施施"的含义为"将他难以走进来"。由此看来，"将其来施施"也许是最原始的"将"字句中的致使句。

"丘中有麦"的"麦"为粮食，可以食用，故与"将其来食"的"食"相对应，但在这里是隐喻一时之欢的性交。先秦民风浪漫，男女有婚前杂交的风俗，但与爱情婚姻似无联系。"将其来食"的"将"起到联系"麦"与"食"的作用，其含义亦为"导致"或"致使"。"将其来食"的含义为"将他来好好吃一顿"。"将其来食"也应是早期的"将"字句中的致使句。

"丘中有李"的"李"即李子，味儿甜酸甘涩；"玖"是黑色的"石之次玉"，为美宝。"李"与"佩玖"相对应，象征着爱情与婚姻，"佩玖"也就是那个痴心男子"留之子"向女诗人示爱求婚的信物了。

（32）于乎悠哉，朕未有艾。

将予就之，继犹判涣。（《诗经·访落》）

"将"：《毛诗》无训；《郑笺》注为"扶助"。根据对诗意的解读，"将"有两种含义：

第一，根据《正义》有关《毛诗》对《访落》诗意的解释，悠：远，犹：道，判：分，涣：散也，从"于乎悠哉"到"继犹判涣"是成王担忧自己没有能力继承父亲圣王事业的自谦之词。诗句的大意是，"哎呀，圣王的光明大道那么遥远，我心里是一点底都没有，你们硬将我来继承王位，那先王之道恐怕就会散失了"。根据《正义》，王肃（195年—256年）也持这样的解释，"将予就继先人之道业，乃分散而去，言己才不能继"。由此可见，"将予就之"的含义为"将我来继承王位"。由于"将"所包含的受成义被"就"所代表，而"将"的施使义又不明确，难以用其他动词来表达，故一般用"致使"或"导致"来解释。因此，"将予就之"的结构和语义都是典型的致使式"将"字句。

　　值得注意的是，王肃是三国时期的经学大师，就《正义》所引王肃之言表明，王肃之言"将予就继先人之道业"，本身就是致使式"将"字句。显然，王肃是从现代人理解的致使式的角度去解释《诗经》的语义的。

　　第二，根据《郑笺》，从"于乎悠哉"到"继犹判涣"的诗意为，虽然成王自谦能力不够，但恳求大臣们帮助自己，纠正自己的过失，使自己迷途知返，能够继承圣王之道。因此，犹：图。"继犹判涣"是对"将予就之"的解释，含义为"就其典法而行之，继续其业，图我所失，分散者收敛之"。"将"的词义明确，即"扶将"，"将予就之"的大意为"扶助我继承王位"。"将"在使动用法中兼有施使义与受成义，但在诗句"将予就之"中，"将"的受成义为"就"所代表，"将"与"就"构成了连动句，以表达"将"本来具有的使役义，"将"的词义在连动句中弱化了，仅剩下明确的施使义"扶助"。因此，"将予就之"是致使式"将"字句中的一种特殊情形，是致使式中因"将"的词义明确而"将"能够被其他词义相同的实义动词所取代的特殊句式。

　　相对于"将"作使动用法的主动宾"将"字句而言，致使式是"将"的词义弱化所形成的一种新型的连动句语句结构。在致使式中，"将"的受成义被其他动词所代表，"将"的词义弱化了，仅具有施使义，"将"与受成义动词构成了兼语式语句结构，即语句中"将"的受事是受成义动词代表的受成性行为的施事。

　　王力（1989）、祝敏彻（1957）等认为，处置式是隋唐时期出现的新型"将"字句与"把"字句的连动结构语句。王力（1989）认为，致使式、感知式大约出现在明清时期；蒋绍愚（1999）的研究表明，早期致使式"把"字句可追溯到隋唐时期。不过，从上面引用的例句及对词义、语义与结构的分析来看，处置式、感知式、致使式"将"字句也许在《诗经》中早已存在，只是随着"将"的使动用法与广义使役义的消失而远离了人们的视野，为人们所忽视。在隋唐期间，随着"将"的广义使役义在《全唐诗》中的全面复活，处置式、感知式、致使式"将"字句也在《全唐诗》中又重新大量出现，并发展与成熟起来。

第四章 汉朝至隋唐前的"将"连谓使役式

自汉朝至南北朝期间，就本书所涉及的典籍——汉代的《史记》《汉书》到南北朝的《世说新语》而言，数百年来，"将"的词义基本上是对《左传》的继承，主要作为普通及物动词与能愿动词使用，且保留了狭义使役动词的用法。

不过，一种新的连动句在汉朝至南北朝的《史记》《汉书》《世说新语》中发展起来（个别例句最早出现在《左传》中）。这种由"将"与其他动词构成的连动句，用句析法重新表述"将"在《诗经》中作使动用法或在《左传》中作使役动词时所表达的狭义使役关系。在新的连动句中，由于使役义的受成义由其他动词所代表，"将"的词义弱化了，仅代表使役义中的施使义，但整个语句的使役义则由"将"与受成义动词词组构成的连动结构更加明确地、具体地表现出来。而新型的"将"字句，其语义、结构与使用范围自汉朝的《史记》始至南北朝的《世说新语》一直都没有发生变化。这种"将"与其他受成义动词词组构成的表达狭义使役义的连动句，本书称作连谓使役式"将"字句，简称"将"连谓使役式或"将"连谓使役句。

第一节 汉朝至南北朝期间"将"的词义与使用范围

通过考察《史记》《汉书》《世说新语》中含有"将"的语句，自秦汉至南北朝数百年间，只有《汉书》记载的诏书、诗歌、辞赋的文体中，还保留了"将"作形容词或不及物动词的个别例句。例如：

（1）莽知民苦之，复下诏曰："夫盐，食肴之将；酒，百药之长，嘉会之好。"（《汉书·食货志》）

食肴之将：言食肴之将帅（"大"的引申义）。

（2）"绵缊玄黄，将绍厥后。"（《汉书·杨雄传》载《河东赋》）

"将"：大；绵缊：绵天地间阴阳混合之气，同"氤氲"；玄黄：天地之色；将绍厥后：天地之气大兴于祭祀之后。

（3）惟念高皇帝圣德茂盛，受命溥将。（《汉书·韦贤传》载《匡衡祷文》）

"将"：大。"受命溥将"引自《诗经》。

（4）输将之费益寡。（《汉书·晁错传》载《募民实塞疏》）

"将"：《颜师古注》引如淳注"资也"；资，即赍；输将，即输送。

（5）钟鼓竽笙，云舞翔翔，招摇灵旗，九夷宾将。（《汉书·礼乐志》载司马相如《郊祀歌》）

"宾将"：犹宾从，意为"服从""归顺"。（"行"的引申义）

在《史记》《汉书》《世说新语》的叙事文体中，"将"的词义与使用范围不是对《诗经》等先秦其他文献的继承，而是对《左传》的继承，并保存了《左传》的主要特点。

第一，"将"不再作为使语句中受事发生广义的行为或状态变化的使役动词使用。《史记》《汉书》《世说新语》中都没有"将"作广义使役动词使用的例句。①

第二，"将"仍作为狭义的使役动词使用，即在"率行""驭行"等含义上，"将"具有使语句中受事在空间路径上与施事一起运行的狭义使役义。在这点上，与《左传》相差近千年的南北朝时期的《世说新语》，更多地继承和保留了这一用法。例如：

（6）乃使元方将车，季方持杖后从。（《世说新语》）

"将"：驾驭……前行。

（7）郭氏于是盛威仪，多将侍婢。（《世说新语》）

"将"：率领……前往。

（8）乃策杖将一小儿，始入门，诸客望其神姿，一时退匿。（《世说新语》）

"将"：率领……前往。

在上面所引例句中，"将"可以"将"物也可以"将"人，与《诗经》中"将"的狭义使役义相同。但"将"物的具体的施使义与"将"人的并不一样，

---

① 因"将"在汉朝至南北朝期间已基本上不在"行"及其引申义上作不及物动词或形容词使用，故其作及物动词使用时，不再为使动用法；不过，如果"将"仍具有在《诗经》与先秦文献中作使动用法的广义的使役义，我们可把"将"称为广义的使役动词。

需要依文为义。

从形式上看，当"将"作普通及物动词"率领"与"将"作狭义的使役动词"率领……前往"时，二者并无区别，如《左传》中的"赵盾将中军，先克佐之"与《世说新语》中的"我将三千兵，槊脚令上"。那么，怎么区分"将"为普通及物动词"率领"还是使役动词"率领……前往"呢？可以通过上下文来解读。如《左传》中语句"赵盾将中军，先克佐之"的上下文中，"将"与"佐"都没有使语句中受事"中军"有所行动的含义，故"将"与"佐"都是普通及物动词，只是说明赵盾与先克的职位功能，而不是说赵盾或先克正在率领或辅助部队作战。

可是，在《世说新语》"我将三千兵，槊脚令上"一句的上下文中，说此话之人为祖车骑，他要使者转告轻慢了朝廷的王大将军说，如果王大将军不来拜见朝廷，他不一会儿就率领三千士兵前去，用棍棒敲断他的腿，把他乱棒打来！因王大将军不在朝廷，祖车骑要用棍棒打断王大将军的腿脚，他就必须率领士兵前往，而不只是当三千士兵的官。因此，"我将三千兵，槊脚令上"中的"将"，其含义应兼有"率领……前往"的综合了施使义与受成义的使役义。又如"郭氏于是盛威仪，多将侍婢"，说的是贾充的夫人郭氏去拜见住在外面不肯回家的丈夫原配李氏（李氏因父亲被诛牵连，离婚后发配边陲，后赦免返乡），故语句的含义为，"于是，郭氏打扮得漂漂亮亮的，摆出很威风的架势，前呼后拥，带了很多侍从婢女前去"。辨析其他语句中"将"的词义，我们都是遵循同一原则，即根据上下文来解读。

需要指出的是，在汉语、英语等语言中，单词型使役句与其他简单主动宾句的结构完全相同，它们只能通过使役及物动词与简单及物动词在词义上的差别来区分。《左传》中具有狭义的使役义的单词型使役句，简称为狭义的简单"将"字句，或简单"将"字句。《左传》中的简单"将"字句与《诗经》中的使动用法"将"字句在使役语义上存在着狭义与广义之分。

第三，"将"的各种用法基本保持不变，仍作为普通及物动词或狭义的使役动词、能愿动词（包括副词）使用。"将"在《世说新语》中的各种用法如表4-1所示。

表 4-1 "将"在《世说新语》中的用法

项目	狭义的普通及物动词或使役动词	能愿动词（包括副词）	名词	总数
数　量	12	43	7	62
百分比	19.4%	69.4%	11.3%	100%

与"将"在《左传》中的主要用途近似，在《世说新语》中，"将"仍主要作能愿动词（包括副词）使用，其使用数占使用总数的 69%；而《左传》这一比例为 93%。

第二节　"将"连谓使役式

从汉朝至南北朝，在《史记》《汉书》《世说新语》中出现了一种"将"与其他受成义动词词组构成的新型连动句，被称作"将"连谓使役式。本节将介绍这种"将"字句的结构、语义、成因，以及对"将"的词义的影响。

一、"将"连谓使役式的结构、语义、成因等

我们来看下面几个例句：

（9）郑伯将王自圉门入。（《左传·庄公二十一年》）

"将"：扶。《左传》中仅此一例，可能为最早出现的连谓使役式"将"字句。

（10）即将女出帷中，来至前。（《史记·滑稽列传》）

（11）豨将侯敞将万余人游行，王黄将骑千余军曲逆。（《汉书·高帝纪》）

（12）从猎，将其二儿俱行。（《世说新语》）

（13）卫鞅为大良造，将兵围魏安邑。（《史记·秦本纪》）

（14）昭帝时，广明将兵击益州。（《汉书·酷吏传》）

（15）上人著百尺楼上，儋梯将去。（《世说新语》）

（16）终不敢复将其累重还归故地。（《汉书·赵充国辛庆忌传》）

首先，我们比较例句（9）、例句（10）与第三章例句（8）。在例句（8）"厥党童子将命"中，"将"为使动用法，具有狭义的使役义，"将"的施使义为"送"或"传"，受成义为"出"或"入"。不过，语句中"出""入"的方向性不明确，需要依文为义。而在例句（9）与（10）中，"将"分别与趋向动词"入"或"出"连用，"出入"的趋向性在语句中就明确起来。由于"将"

在第三章例句（8）中具有包含施使义与受成义的使役义，例句（9）与（10）中，"将"与趋向动词的连用，可以看作"将"原有的受成义由趋向性动词"入"来代表，并从"将"的使役义中分离出来，由此导致"将"的使役义因受成义被析出而弱化，成为表达使役关系的连动句中仅具有施使义的动词。

再比较例句（11）、例句（12）与第二章例句（19）、第三章例句（3）。在例句（19）中，"将"具有使动用法中的使役义"领行"，例句（3）中，"将"具有使役义"携行"，且这两个例句的使役语义均是由"将"来表达的；而在例句（11）与（12）中，两个例句的语义也是使役义，分别为"率领……游行"与"携……俱行"，但使役义的受成义分别由动词词组"游行"与"俱行"来代表，而"将"则代表使役义中的施使义"率领"与"携带"。

比较第三章例句（4）与本章例句（13）（14）以及（51）至（56）。在本章几个例句中，受成义及物动词短语中的动词围、击、救、渡、送、灭、攻等，均与军队行动有关，"将"与这些动词的连接可以从两方面加以理解。

第一，如同我们对第三章例句（4）的分析和解释，可以把语句中的及物动词看作从"将"的使役义中分离出来的受成义动词"行"在词义上的延伸与扩展。"将"的使役义"领行"中的"行"，引申为不及物性军事行为"作战"，而后进一步引申为及物性军事行为围、击、救、灭等。也就是说，我们把这些动词的出现看作"将"的使役义分离的自然结果，在语句语义不变的前提下，导致了"将"的词义的弱化。

第二，当狭义的使役语句由单词式进化到连动式后，由于新型的连动结构在表达方式上的便利与表达能力方面的加强，使得与"将"相联的受成义动词短语，从表达不及物性军事行为能够扩展到表达各种及物性军事行为，由此扩大了语句的狭义使役义的表达范围。

通过对例句比较与分析，我们对自汉朝至南北朝，在《史记》《汉书》《世说新语》中出现的"将"与其他受成义动词词组构成的新型"将"连谓使役式的特点概括为三点：

第一，"将"连谓使役式是用连动句的句析方法，解析并重新表述"将"在《诗经》中作使动用法，或在《左传》中作使役动词时所具有的狭义使役义，即在施事的作用下，受事随同施事在空间路径上一起移动运行（包括各种军事行动）。

第二，相对"将"作使动用法或单个使役义动词而言，在新型连动句中，受成义为其他动词短语所代表，语句的狭义使役义能够更加明确、具体地被表达出来，由此增强了语句语义的表达力，但"将"在语句中的词义被弱化了，仅保留了使役义中的施使义，成为描述使役关系中的施使义及物动词。

第三，就表达使役关系而言，使成式（复合词使役式）是使动用法的发展，但在汉语中，使成式受成义动词词组不能是及物动词词组，而新型"将"连谓使役式用连动句结构表达使役关系，受成义动词词组可以是及物动词词组，及物动词词组可以带宾语，也可以带处所宾语，还可以带连谓短语等，因而相对使成式（复合词使役式）而言，"将"连谓使役式进一步扩大了使役关系的表达范围。

此类"将"连谓使役式的语句结构可用下面公式来表示，其中 NP（Noun Phrase）为名词词组，VP（Verbal Phrase）为动词词组：

公式一　NP $_{施}$ ＋ 将 $_{施使}$ ＋NP $_{受、施}$ ＋VP $_{受成}$

公式中，NP $_{施}$ 为施事；将 $_{施使}$ 是施使义动词，具有使受事（人或物）在空间路径上随同语句中的施事发生位移的动词含义；NP $_{受、施}$ 为将 $_{施使}$ 的受事与宾语，与此同时又是 VP $_{受成}$ 的施事；而 VP $_{受成}$ 是使役关系中的受成义动词短语。

值得注意的是，《史记》《汉书》《世说新语》中的"将"与其他动词构成的连动句均为狭义的使役义，即施事与受事要么一起在空间路径上运行，要么一起行动，因此，连动句中 NP $_{施}$ 不仅是施使义动词将 $_{施使}$ 的施事，还与 NP $_{受、施}$ 一起同为 VP $_{受成}$ 的施事，这样，就带来了两个问题，一是这类连动句的语义表述的是不是使役关系？二是这类连动句应该归于连谓式，还是归于兼语式？我们在下面将要讨论这一问题。

二、"将"连谓使役式的归类问题

我们讨论"将"连谓使役式与连谓式、兼语式以及典型使役句的关系。

（一）"将"连谓使役式与连谓式、兼语式

为了讨论公式一连动句的归属问题，我们用下面公式二来表述连动句的一般结构。

公式二　NP$_1$ ＋VP$_1$ ＋ NP$_2$ ＋ VP$_2$

在公式二中，NP$_1$、NP$_2$ 为名词词组，VP$_1$、VP$_2$ 为动词词组。NP$_1$ 为 VP$_1$ 与 VP$_2$ 的共有施事，这样的例句一般被称为连谓式（参见丁崇明《现代汉语语法教程》，2009）。例如：

（17）他撂下担子走了。

（18）田里的农夫收拾农具回家了。

（19）他操根扁担赶过去。

（20）他采了一束野花送给她。

当 NP$_2$ 既是 VP$_1$ 的受事，又是 VP$_2$ 的施事时，这样具有双重身份的句子被称为兼语式（又称递系式）。兼语式起源很早，王力（1989）指出："在先秦时代，'命''使''遣''令'往往用于递系式。"例如：

（21）王命众悉至于庭。（《尚书·盘庚上》）

（22）孔子闻之，使子贡往侍事焉。（《庄子·大宗师》）

（23）吾令凤鸟飞腾兮，继之以日夜。（《离骚》）

（24）遣他候，奉资之如前候。（《墨子·号令》）

不过，由于以"命""使""令""遣"为第一动词的兼语式，并不直接具有与施事意愿相符合的效果，而受事一般具有自由意志，所以第二动词所代表的行动可能发生，也可能不发生，如例句（21），"众"可能遵"王命""悉至于庭"，也可能违抗"王命"，并不"悉至于庭"。

还有一种兼语式，第二动词代表为第一动词所直接导致的效果，王力（1989）称之为被宾语隔开的使成式；梅祖麟（1991）称之为兼语式动补结构或兼语式使成式，以区别于复合词式动补结构（即王力定义的使成式），这种兼语式的第一个动词往往表示某种具体的动作。例如：

（25）石角钩衣破，藤枝刺眼新。（杜甫《奉陪郑驸马韦曲》）

（26）复吹霾翳散，虚觉神灵聚。（杜甫《雷诗》）

（27）检书烧烛短，看剑引杯长。（杜甫《夜宴左氏庄》）

（28）谁能拆笼破，从放快飞鸣。（白居易《鹦鹉》）

梅祖麟（1991）认为，这种兼语式动补结构在南北朝的刘宋期间已经存在，他列举了南北朝期间有关文献中的例句。

（29）我憎汝装，故排船坏耳。（《幽明录》）

（30）当打汝口破。（《幽明录》）

（31）持工瓦取水，即打工瓦破。（《大庄严论经》）

（32）今当打汝前两齿折。（《贤愚经》）

（33）春风复多情，吹我罗裳开。（《子夜四时歌·春歌》）

那么，公式一表达的《史记》《汉书》《世说新语》中的"将"连动句应属于连谓式，还是兼语式呢？

如果不考虑公式一中 NP$_{受、施}$ 与 VP$_{受成}$ 之间的关系，因 NP$_{施}$ 是将使与 VP$_{受成}$ 共同的施事，则公式一所代表的"将"连动句为连谓式；但是，如果不考虑公式一中 NP$_{施}$ 与 VP$_{受成}$ 之间的关系，因 NP$_{受、施}$ 既是将施使的受事，又是 VP$_{受成}$ 的施事，则公式一所代表的"将"连动句应为兼语式。总的来看，公式一所代表的《史记》《汉书》《世说新语》中的"将"连谓使役式，属于连谓式与兼语式两可的句式。那么，我们可以进一步追问，公式一中的 VP$_{受成}$主要表达的是以 NP$_{施}$为施事的动作，还是以 NP$_{受、施}$为施事的受成性动作？

在例句（9）至（16）中，"将"具有扶持、率领、携带或搬运的词义，连动句中的受成义动词主要指的是"将"的受事动作。如例句（10）中，"将"前无主语，受成义动词短语"出帷中"指的是"将"的受事"女"的行动，因该文后面接着说道"豹视之，顾谓三老、巫祝、父老曰：'是女子不好……'"。例句（15）也无主语，其语义是"糊弄人上了百尺高楼，却将梯子搬去了"。可见原语句中的"去"，指的是"将"的受事"梯子"搬去了，而不是"搬梯子的人"离去了。例句（13）的主语是"大良造""卫鞅"，受成义动词是"围"，我们可以单独说"将"的受事"兵"是"围"的施事（"兵"是一群人，故可言"围"），也可说"卫鞅"与"兵"一起是"围"的施事，但不宜单独说"将"的施事"卫鞅"是"围"的施事，毕竟"大良造""卫鞅"是一个人，与动词"围"不相配。这些例句说明，《史记》《汉书》《世说新语》中"将"连动句中的受成义动词，主要代表的是"将"的受事的受成性行为，也就是说，相对于连谓式而言，这些"将"连动句更接近于兼语式。

不过，现代汉语的情形有所不同。朱德熙分析了公式二中 VP$_1$为包含伴随、协助意义的动词的情形。例如：

（34a）你扶老太太上车。

（34b）你扶着老太太上车。

（35）爷爷领着孙子上动物园。

朱德熙说，在（34）与（35）这类例句中，因句首主语 NP$_1$与 NP$_2$事实上都参与了 VP$_2$的动作，可以说句首主语 NP$_1$和 NP$_2$都是 VP$_2$的施事。朱德熙又说："V$_1$带'着'的时候，总是说明 V$_2$所指的动作的方式……从这一点看，'爷爷领着孙子上动物园'主要是说'爷爷上动物园'，'领着孙子'只是一种方式修饰。"

接着，朱德熙在同一页的注释里说："'你扶老太太上车'，'你'不一定上车；'你扶着老太太上车'，'你'一定上车。"据此可以推论，不带"着"与带"着"的语义有所不同。在这种施使义动词"扶"不带"着"的语句中，因句首主语"你"可能上车，也可能不上车，而"扶"的受事"老太太"一定上车，故受成义动词"上车"主要指的是"扶"的受事"老太太"的行为。推而广之，在现代汉语中，在公式二代表的连动句中，当 VP$_1$不带标记"着"时，VP$_2$主要指的是 NP$_2$的行为，或者说，这类连动句更应归于兼语式。

在《史记》《汉书》《世说新语》中，"将"在"将"连谓使役式的含义与上面所引朱德熙讨论的情形类似（例句（9）"将"的词义即为"扶"，与例句（34）的第一个动词相同），只是因为当时的文言文中"将"的后面都不带"着"，我们难以从形式上区分，这些语句应归于连谓式，还是兼语式，更多需要从语义的角度来考虑问题。从上下文的语句语义来说，本章所讨论的"将"连谓使役式大多偏于兼语式。

（二）"将"连谓使役式与典型使役句

迪克逊（Dixon，2000）总结了英美国家或地区语言中有关使役类型的研究，提出了使役语义中影响使役式表达方式的 9 个因素。

1. 与动词（潜在语句中的动词，相当于连动式使役句中的受成义动词）的联系：

① 状态动词与行为动词；

② 动词的及物性，包括不及物动词、及物动词、双宾语动词的区别。

2. 与被使役者（潜在语句中的主语或施事）的联系：

③ 控制性，即被使役者对行为的控制性；

④ 意志性，即被使役者是被迫还是自愿；

⑤ 被影响性，即被使役者是部分还是整体受到影响。

3. 与使役者的联系（使役式中的施事）：

⑥ 直接性，即使役者的行为是直接的还是间接的；

⑦ 意向性，即使役者行为造成的后果是有意还是偶然的；

⑧ 自然性，即使役者行为造成的后果是自然过程还是努力为之；

⑨ 参与性，即使役者是否参与了被使役者的行为。

在不同国家或地区的语言中，可能用不同形式的使役式来区分上面 9 个使役义因素，如因素②，使成式（复合词使役式）不能表达当受成义动词为及物动词词组时的使役关系，而本章讨论的"将"连谓使役式则既可以表达受成义动词为不及物动词，也可表达受成义动词词组为及物动词词组的使役关系。就因素⑨而言，使役者是否参与被使役者的行为有可能影响使役句的表达方式，如秘鲁的方言（Nomatsiguenga 语、Arawak 语）在使役动词上加前后词缀来区分参与性。"将"连谓使役式，使役者参与了被使役者的行为，这只是说这类"将"字句的语义具有可能影响使役语义表达方式的因素中的参与性，但并不影响语句语义的使役性。不过，由于汉语缺乏格、时态、词态变换等语法因素，汉语使役式中的语义因素往往需要从词义、语义上去识别，而不能简单地从词语与结构的表达形式上去区分。

在不同语系的不同句式的使役句中，"将"连动句属于连动式使役句（Causative Serial Verb Constructions）。克罗利（Crowley，1987）描述了南岛（Austronesian）帕马斯语（Paamese）中存在的这类句式。帕马斯语连动式使役句的结构与中国的兼语式类似，如 they-hit pig it-die（他们打猪死了），意思是"他们打死了猪"。洛德（Lord，1974）描述了约鲁巴语中类似的句式。约鲁巴语中的连动句结构与汉语的连动句结构十分类似，包括连谓式与兼语式，两种句式的区别仅在于动词词义与语句语义，而不在于结构。其连动使役句的结构为兼语式结构，且包括本章中探讨的连谓式与兼语式两可的语句。

英语中与汉语连动式使役句相对应的是迂说式使役句（Periphrastic Causative Construction）。连动式使役句与迂说式使役句在结构上有相似之处，只是汉语没有从句的说法与特别的表达方式，而迂说式的使役动词带的是补语从句（Clausal Complement）。例如：

（36）The blast caused the boat to heel.

（37）The mother have the child get dressed.

（38）Mary made him give the bone to the dog.

另外，典型的或传统的迂说式使役句的使役动词与普通及物动词有所区别。在连动式使役句中，表达使役关系的动词一般为表示具体行为的动词，如"他们打猪死了"的"打"，"将"连谓使役式中的"将"。而典型的迂说式使役句中表达使役关系的动词为抽象动词，如英语中的 make 与 cause（法语中双动词谓语式使役句中 faire 的词义、功能与 make、cause 类似）。在迂说式使役句中，make 与 cause 可看作使役动词标记，它们除了抽象的使役义，没有任何具体的行为含义。

不过，目前有关英语中的迂说式使役句的研究，使役动词已不再局限于传统的仅仅表现使役关系的动词，已扩展到表达具体行为的及物动词。

菲利普·沃尔夫等（Phillip Wolff, Grace Song and David Driscoll，2002）依据迂说式使役句在语义与语句结构上的标准，从两百万字的文集（布朗文集的 the Penn TreeBank 版本与 1989 年《华尔街邮报》）中收集并筛选了 49 个迂说式使役句的英语使役动词，其中 23 个使役动词既可作用于有感知的，也可作用于无感知的受事（甲），其余 26 个只能作用于有感知的受事（乙）。

（甲）allow, block, cause, enable, force, get, help, hinder, hold, impede, keep, leave, let, make, permit, prevent, protect, restrain, save, set ,start, simulate, stop

（乙）aid, bar, bribe, compel, constrain, convince, deter, discourage, dissuade, drive, have, hamper, impel, incite, induce, influence, inspire, lead, move, persuade, prompt, push, restrict, rouse, send, spur

在上面 49 个迂说式使役句的使役动词中，有数个与本章"将"连谓使役式中"将"的词义相近，如：lead，move，drive，send。如果考虑先秦文献中"将"的广义使役义中的施使义，那词义接近的英文使役动词更多，可加上 help，hold，keep，compel，protect，push 等。

在《史记》《汉书》《世说新语》的"将"连谓使役式中，"将"代表"使受事在空间路径上与施事一起移动（包括军事行动）"的一般性行为，而"将"的具体词义需要依文为义。因此，从总体上看，"将"在"将"连谓使役式中的词义比上述英语中任何与其词义相近的迂说式使役动词的词义更具有一般性与抽象性。

第三节　"将"连谓使役式的语法句式分类

本节我们将根据"将"连谓使役式的受成义动词词组的语法特点，对《史记》《汉书》《世说新语》的"将"连谓使役式进行分类。我们之前谈到，"将"连谓使役式为连谓式与兼语式两可的特殊句式，但为了区分"将"连谓使役式与隋唐时期产生的纯粹的兼语式使役句即"将"致使式，本节按照连谓式对"将"连谓使役式进行语法分析与分类。

一、趋向动词短语

这类句式是施使义动词"将"与受成义趋向动词短语构成的"将"连谓使役式。"将"在先秦文献中，原有的使役义中的受成义从"将"中析出，由出、入、来、往、上、下等趋向动词所代表，表示受成性动作"行"的趋向性或目的性。例如：

（39）汉使浞野侯破奴将二万余骑出朔方西北二千余里。（《史记·匈奴列传》）

（40）将兵循江上，略近蜀黔中以西。（《史记·西南夷列传》）

（41）与王太后弟樛乐将二千人往，入越境。（《史记·南越列传》）

（42）遂将少帝出，迎皇帝入宫。（《汉书·高五王传》）

（43）曹公……令疾召甄，左右白："五官中郎已将（甄）去。"（《世说新语》）

以及本章例句（15）。

二、处所宾语

此类句式是"将"与处所宾语构成的"将"连谓使役式，以表达受成性行为发生的位置。处所宾语一般由趋向动词加处所宾语或动词加表达处所关系的介词词组构成。例如：

（44）楼船将军将齐兵七千人先至王险。（《史记·朝鲜列传》）

（45）于是单于穿塞将十余万骑，入武州塞。（《史记·韩长孺列传》）

（46）卢绾遂将其众亡入匈奴，匈奴以为东胡卢王。（《史记·韩信卢绾列传》）

（47）骑都尉李陵将步兵五千人出居延北。（《汉书·武帝纪》）

以及本章例句（10）与（16）。

三、不及物动词短语

施使义动词"将"与不及物动词"行"所构成的"将"连谓使役式。"行"是不及物受成性行为，是施使性行为"将"所导致的结果，因而动词"行"代表了从"将"的使役义中分离出来的受成义。《史记》《汉书》《世说新语》中这类例句有：

（48）中贵人将骑数十纵。（《史记·李将军列传》）

（49）布称疾不往，使将将数千人行。（《史记·项羽本纪》）

（50）云盖其上，五采青黄；雷雨并起，风将而行。（《史记·龟策列传》）

以及本章例句（11）与（12）。

在上面例句中，与"将"连接的动词"纵""行"等，可以看作从"将"的使役义中直接分解出来的受成义动词"行"的具体形式。连动结构"将……纵"与"将……行"的使役义与《世说新语》"郭氏于是盛威仪，多将侍婢"中"将"所包含的狭义使役义基本相同（变化只在"行"的具体方式上）。其区别在于，当"将"作为狭义使役义动词使用时，兼有施使义与受成义的综合词义；而在"将"连谓使役式的连动结构中，"将"仅仅具有动词"率领"的施使义。

例句（49）"将数千人行"为兼语句内部套"将"连谓使役式。

需要指出的是，在例句（50）中，"风将而行"仍保留先秦汉语中表达"行为与效果"的传统用法，不是新型的连动式使役句。我们选用这一例句，是想表明，"将"不仅可以"将"人，也可"将"物。

四、及物动词短语

施使义动词"将"与受成义及物动词短语所构成的"将"连谓使役式。例如：

（51）匈奴左贤王将四万骑围广。（《史记·李将军列传》）

（52）将十万众救赵。（《史记·魏公子列传》）

（53）乃遣当阳君、蒲将军将卒二万渡河。（《史记·项羽本纪》）

（54）于是缪公许之，使百里傒将兵送夷吾。（《史记·秦本纪》）

（55）八年，使公子弃疾将兵灭陈。（《史记·楚世家》）

（56）秦皇帝不听，遂使蒙恬将兵攻胡，辟地千里，以河为境。（《史记·平津侯主父列传》）

以及本章例句（13）与（14）。

上面所引例句中，与"将"相联的受成义动词短语为及物动词短语。例句（53）至（56）为兼语句内部套"将"连谓使役式。

五、连谓短语

在这类语句中，与"将"相联的受成义动词短语一般为趋向动词与其他受成义动词结合构成的连谓短语。例如：

（57）将其兵从沛公入武关。（《史记·韩信卢绾列传》）

（58）其后日逐王畔单于，将众来降。（《汉书·西域传》）

（59）越将其兵北走穀城。（《史记·魏豹彭越列传》）

（60）将天下锐兵出伊阙攻秦。（《史记·秦本纪》）

（61）田荣者，数负项梁，又不肯将兵从楚击秦，以故不封。（《史记·项羽本纪》）

（62）遂将其兵北略城邑。（《史记·吴王濞列传》）

（63）张春将卒万余人度河攻聊城。（《汉书·高帝纪》）

（64）吴王僚因楚丧，使二公子将兵往袭楚。（《史记·伍子胥列传》）

（65）乃令骠骑将军将兵往迎之。（《史记·卫将军骠骑列传》）

上述句式是用"将"与连谓短语结构来描述某一狭义的使役事件从头至尾的全过程。"将"主要代表语句中施事贯穿于全程的施使性行为，"将"的含义均为"率领"。趋向动词代表语句中施事与受事沿一定路径运行的趋向或方向，如例句中的来、往、出、从、北等；而与趋向动词连接的动词短语则代表受事在全程终点阶段的行为、企图实现的目的或所达到的目标，如语句中的"入武关""降""走穀城""击秦""略城邑""袭楚"等。趋向动词及其后接动词词组可看作从"将"的使役义中分离出来的受成义连谓短语。因此，"将"的受事与施事同为连谓短语所代表的多种受成性行为的施事，如例句（63）中的"度（渡）河"与"攻聊城"表示全过程中前后阶段的不同的受成性行为。

第四节　自先秦至南北朝"将"的词义与用途的演变脉络

我们简略概括与"将"字句相关的"将"的词义与用途自先秦至南北朝的演变脉络，如表 4-2 所示。

表 4-2　"将"的词义与用途的演变脉络

句式	先秦		汉朝至南北朝
	《诗经》	《左传》	《史记》《汉书》《世说新语》
广义使役义与使动用法"将"字句	主要词义与用法		
致使式"将"字句	个别原始例句		
"将"前置处置式与感知式	个别原始例句		
"将"后置处置式			南北朝具有狭义使役义诗歌例句
简单句（包括少数狭义的简单"将"字句）		主要词义与用法	主要词义与用法
"将"连谓使役式		个别例句	发展成型

由表 4-2 可见，在先秦时期，根据《毛传》，"将"在《诗经》中主要作使动用法，具有广义的使役义；而且，在《诗经》中，不仅存在着使动用法"将"字句，还存在着原始的致使式与"将"前置处置式（或感知式）"将"字句的个别例句。与《诗经》比较，"将"在《左传》中的词义与用法已发生根本变化，"将"主要作简单及物动词使用，但保留了狭义的使役动词的用法（数个简单"将"字句的例句）。而且，在《左传》中，已出现"将"连谓使役式的个别例句。

自汉朝至南北朝，在《史记》《汉书》《世说新语》中，"将"的词义与用法继承了《左传》的传统并在此基础上演变发展，即"将"主要作简单及物动词使用，但保留着狭义的使役义（数个简单"将"字句例句），"将"连谓使役式在此期间已发展成型。

　　"将"连谓使役式是"将"与其他动词（或动词词组）构成的连动句，是一种连谓式与兼语式两可的使役句，它的形成来自用句析法的方法重新表述"将"在《诗经》中作使动用法或在《左传》中作使役动词时所表达的狭义的使役关系。与使役义相比较，"将"在连谓使役式中的动词词义已经弱化，只具有施使义，但没有虚化。

　　隋唐编修的《艺文类聚》中保存了唐代以前大量的诗文歌赋等珍贵文学作品，可是自汉朝至南北朝，除了本章引用的个别例句外，我们没有在《艺文类聚》的诗赋语料中发现更多具有"将"在《诗经》中的词义与用法的诗句。不过，我们在《艺文类聚》中收集的南北朝的诗歌中发现了7个"将"后置处置式例句（见第七章），其语义全部为与《左传》相关的狭义的使役义。由此可见，不仅在史书等散文体中，就是在诗歌中，除了个别例外，"将"在《诗经》中的广义使役义与使动用法自汉朝至南北朝已经失传千年之久。

第五章 隋唐致使式"将"字句及其向处置式的过渡

在隋唐期间的《全唐诗》中，出现了现代汉语中被称为致使式的"将"字句。与《史记》《汉书》《世说新语》中的"将"连谓使役式比较，致使式也是表述使役关系的"将"字句，只是语义更加广泛；但在语句结构上，两者基本相同，致使式"将"字句是对"将"连谓使役式的继承。

从语义来看，致使式"将"字句把"将"连谓使役式中狭义的使役义扩展了，即在人的行为或自然力的作用下，使人或事物不再只是于空间路径上运行，而是发生各种行为、运动或状态变化；从结构来看，致使式"将"字句与"将"连谓使役式同为连动句，但致使式"将"字句为纯粹的兼语式，"将"连谓使役式为兼语式与连谓式两可的句式；从"将"的词义变化的角度来看，与"将"连谓使役式类似，致使式"将"字句是用其他动词短语来明确表达使役义中的受成义，而"将"仍保留使役义中的施使义，因而"将"的词义在语句中弱化了，但没有完全虚化，仍为动词。总的来看，致使式"将"字句是用与"将"连谓使役式类似的兼语式构句法，把"将"源自《诗经》等先秦文献中的广义使役义在语句中更加明确和具体地表达出来。

不过，由于"将"连谓使役式自汉朝开始已独立成形，在隋唐期间及其以后也大量存在。在汉语发展的历史中，"将"连谓使役式与致使式"将"字句有着各自不同的演变特点。因此，本书所讨论的致使式"将"字句在语义上不包括"将"连谓使役式所涉及的范围，只是涵盖了"将"在《诗经》与其他先秦文献中的广义的使役义部分。

在《史记》《汉书》《世说新语》的"将"连谓使役式中，由于语句表达的使役义的狭义性，"将"的施使义一般能够具体化，因而或能被其他实义动词所取代；或在原有结构中被虚化，如"将"后置处置式。在后期汉语发展的过程中，"将"连谓使役式便逐渐消失了。但在《全唐诗》的致使式"将"字句中，由于语句表达的使役义的广义性，"将"的施使义一般难以具体化，

"将"也不能为其他实义动词所取代或解析。又由于"将"的施使义往往具有"致使"的含义，因此，在学术界，这类语句大多被称为致使式，致使式在隋唐期间出现后一直流传至今。

迪克逊（Dixon，2000）指出，在现存研究里，有关不同国家或地区语言中的连动式使役句，尚未发现使役动词仅仅表达使役关系而不表达具体行为的句式。但汉语致使式"将"字句的"将"，就是仅仅具有表达使役关系的使役动词，"将"仅具有致使含义，并不特别表达具体行为；加之致使式在语句的使役语义上的广义性，我们可以把致使式"将"字句归于典型的连动式使役句。因而，在不同国家或地区的语言比较中，致使式"将"字句具有其独特的地位。

致使式"将"字句可用下面公式来表达，其中 NP（Noun Phrase）为名词词组，VP（Verbal Phrase）为动词词组：

　　公式一　　NP$_施$ ＋ 将$_{施使}$ ＋NP$_{受、施}$ ＋VP$_{受成}$

从形式上看，致使式"将"字句与"将"连谓使役式完全一样。在公式中，NP$_施$为施事；将$_{施使}$是施使义动词，一般难以为实义动词所代表，且具有致使的含义；NP$_{受、施}$为将$_{施使}$的受事与宾语，与此同时，又是 VP$_{受成}$的施事；而 VP$_{受成}$是使役关系中的受成义动词短语。

我们把《全唐诗》中的致使式分为两大类，一类是 VP$_{受成}$为不及物动词短语，另一类是 VP$_{受成}$为及物动词短语。

本章例句主要取自《全唐诗》，除非引用其他文献中的例句，所引例句将不加说明。

第一节　致使式"将"字句例句及其分类

在《全唐诗》中，致使式"将"字句共有 148 个，已形成某种句式的规模。其中，VP$_{受成}$为不及物动词的句子有 101 个，为及物动词短语的致使式句子有 47 个。按照 VP$_{受成}$的特点，主要有以下几种句式。

一、VP$_{受成}$为形容词或不及物动词的致使式"将"字句
在这类句式中，"将"后宾语所连接的动词为形容词或不及物动词。例如：
（1）地与喧闻隔，人将物我齐。
（2）楚水清若空，遥将碧海通。
（3）诸境一已寂，了将身世浮。

（4）一与耕者遇，转将朝客疏。

（5）虽小天然别，难将众木同。

（6）激雷与波起，狂电将日红。

（7）蝶影将花乱，虹文向水低。

（8）思将魂梦欢，反侧寐不成。

（9）蝉见木叶落，雷将雨气寒。

（10）北园干叶旋空枝，兰蕙还将众草衰。

（11）好景几将官吏醉，名山时领管弦游。

（12）愚者昧邪正，贵将平道行。

（13）云起将歌发，风停与管遒。

（14）夜宿密公室，话馀将昼兴。

（15）春坞桃花发，多将野客游。

（16）山将落日去，水与晴空宜。

（17）明年尚作三川守，此地兼将歌舞来。

（18）云影晚将仙掌曙，水光迷得武陵春。

（19）已分将身著地飞，那羞践踏损光晖。

（20）寒更漏永睡绸缪，魂梦将心处处游。（《敦煌变文集新书》）

我们将在后面的分析中表明，由形容词与不及物动词作补语的致使式也可解读为处置式，或者说，这类致使式是一种处于致使式与处置式之间的两种句式均可的特殊句式，是致使式向处置式过渡的句式。

二、VP 受成为及物动词短语的致使式"将"字句

《全唐诗》中，VP 受成为及物动词短语的致使式"将"字句主要有以下几类：

（一）趋向动词或行为动词+处所宾语

（21）当时便向乔家见，未敢将心在窈娘。

（22）年少奉亲皆愿达，敢将心事向玄成。

（23）烟蔽棹歌归浦溆，露将花影到衣裳。

（24）蜀国马卿看从猎，肯将闲事入凄凉。

（25）须信孤云似孤宦，莫将乡思附归艎。

（26）今日会稽王内史，好将宾客醉兰亭。

（27）贪将到处士，放醉乌家亭。

（28）空将感恩泪，滴尽冒寒衣。

在上面例句中，受成义动词短语可由趋向动词加上处所宾语组成，如例句（21）至（25），以表述"将"的受事的趋向或归宿；也可由行为动词加处所宾语组成，如例句（26）至（28），以表述受成性行为发生的处所。处所可以是人或实物代表的空间位置，如"窈娘""衣裳""归舻""兰亭"等，也可以是某种抽象的位置，如"玄成""凄凉"。

（二）及物行为短语 1：行为动词+宾语

（29）每将瓜田叟，耕种汉水渍。

（30）更将门下客，酬和管弦中。

（31）汉代文明今盛明，犹将贾傅暂专城。

（32）已许衲僧修静社，便将樵叟对闲扉。

（33）算缗草诏终须解，不敢将心远羡君。

在上面的例句中，及物行为短语可以描述人的行为，如例（29）至（32）；也可以描述人的心理活动，如例句（33）。与狭义的"将"连谓使役式不同，致使式"将"字句描述的行为不局限于受事在空间路径上的移动。

（三）及物行为短语 2：动态动词+宾语

（34）敢将衰弱附强宗，细算还缘血脉同。

（35）不将血涕随霜刃，谁见朱殷未死心。

（36）会将白发倚庭树，故园池台今是非。

（37）时将旧衲添新线，披坐披行过一生。

（38）且向人间作酒仙，不肯将身生羽翼。

（39）借得茅斋岳麓西，拟将身世老锄犁。

（40）荀令凤池春婉娈，好将馀润变鱼龙。

（41）孰能俄顷间，将心系荣辱。

（42）竟将儿女泪，滴沥助辛酸。

（43）好向情由自觉知，休将心行成悭僻。（《敦煌变文集新书》）

在上面例句中，受成义动词短语可以描述"将"的受事（人或物）的受成性运动或状态变化，如例句（34）至（42）；也可表述受事的受成性效果，如例句（43）。

第二节　有关致使式的研究概述

本节简要介绍其他学者有关致使式的语义、结构、来源等的研究。

一、有关致使式的划分

首先注意到"把"字句（包括"将"字句）中存在着致使式例句的是黎锦熙。黎锦熙在《新著国语文法》一书中举出了"把"字句中与"把"为介词的处置式相冲突的反例。

（44）每日骑着这个驴，上县下乡，跑得昏头昏脑，打紧又被这瞎眼的忘八在路上打个前失，把我跌了下来，跌得腰胯生疼。（《儒林外史》）

这里"把"字明显地具有致使、导致的动词词义。

吕叔湘把致使式归于"把"字句中的一类，"这个把字只有'使'或'叫'的意义……有一些句子好像就是袭用这个把字，类似让字（消极的'使'），而用之于不如意的事情。后面的主要动词没有致动的意义（大多数都是不及物的），后头也没有结果宾语"。如吕叔湘引用过的例句：

（45a）马嵬坡尘土中，可惜把一朵海棠花零落了。

（46a）偏又把凤姐病了。

（47a）干瞅着把个妙人儿又走了。

这几个例句中的"把"后都连接着一个被蒋绍愚称之为"施事主语句"的句子，如"一朵海棠花零落了""凤姐病了"。

但有一类动词为表达心理活动的"把"字句，结构上与上述致使式例句类似，也是"把"字后面接一个施事主语句，吕叔湘却排除在致使式之外，关于这一点我们认为是值得商榷的。

吕叔湘说，这类"句子里的动词本来是不及物的（大多数是表示心理活动的），在这里给它一种'致动'（causative）的意义，就变成及物了。后面的补语通常用'得'字连接，也有用'个'字的；要是只有一个字，也可以不用连接字"。

我们选用吕叔湘列举的五个例句来说明问题：

（48a）没把个妹妹急疯了。

（49a）把我羞哭了。

（50a）把个婆子心疼的只念佛。

（51a）把个老贼乐的姥姥家都忘了。

（52a）把个沙龙喝的酩酊大醉。

在以上例句中，用吕叔湘有关"致动"的含义解释为可以转化为使动用法的主动宾句，语句中"把"的宾语是语句中动词短语的受事，"把"就成了介词。不过，这种解释只适用于上面所列举的部分例句，如例句（48a）与（49a）可以转换成使动用法语句：

（48b）（某人或某事）急疯了妹妹。

（49b）（某人）羞哭了我。

在上面例句中，使成式复合词"急疯了""羞哭了"为使动用法语句中的谓语，若只是把反映心理活动的动词"急""羞"看作致动的及物动词，似乎也能说得过去。但另三个语句都不能转换成使动用法，例如：

（50b）（某事或某人）心疼的只念佛婆子。

（51b）（某事）乐的姥姥家都忘了老贼。

（52b）（某事）喝的酩酊大醉沙龙。

如果把"心疼"或"喝"作及物动词，语义会完全不一样。如"某人心疼婆子"与"婆子心疼某人某事"是完全不同的含义。

另外，吕叔湘归于致使式的例句（45）至（47）也都可以转化为使动用法语句，或者说，语句中的动词也可转化为致动，尽管这些动词都不是心理动词，也不带补语。例如：

（45b）马嵬坡尘土中，可惜零落了一朵海棠花。

（46b）偏又病了凤姐。

（47b）干瞅着又走了个妙人儿。

由此可见，"把"后连接一个施事主语句的"把"字句能否转化为使动用法的主动宾语句，不能作为这种语句中的动词是否为及物动词的标准，不管这种动词是不是心理动词。当这种"把"字句转化为使动用法时，如王力所言，只是"把"字句中的不及物动词作及物动词使用，而并不意味着转化前的不及物动词也应看作及物动词。

在例句（48）至（52）中，反映心理活动的动词等都带结果补语，动词短语为动补结构，而例句（45）至（47）的动词都不带补语，这能否说明例句（48）至（52）中的动词为及物动词呢？答案也是否定的。

我们可以说"疯""哭""念佛""忘""醉"分别是"急""羞""心疼""乐""喝"的补语，但这些例句里的动补关系都是共有同一个主语的连谓式，描述的是同一事件的进展，不是有关两个事件的使役关系。如"妹妹急疯了"一句中，"妹妹急疯了"并不能反映"把"字句的使役语义。"妹妹"同为"急"与"疯"的主语，当"妹妹疯了"转化为"妹妹急疯了"，并不存在使役关系的语句变换中必然发生的"妹妹"从主语转化为宾语的语法角色变化。因此，"急"不是及物动词。当然，这种语句变换也不存在使役关系语句变换包含的语句效价数目的增加。

在"把"字句例句（48）至（52）中，其连谓短语均为"把"的受成义短语,如"急疯了"或"心疼的只念佛"都是"把"的受成义短语,"把"与"连谓短语"构成的关系才是使役关系。我们可以将上面五个"把"字句看作由下面与其相应的潜在基本语句转换而来。

(48c)妹妹急疯了。

(49c)我羞哭了。

(50c)婆子心疼的只念佛。

(51c)老贼乐的姥姥家都忘了。

(52c)沙龙喝的酩酊大醉。

在上面五个基本语句中加"把"字,则潜在基本语句成了致使式使役语句,"把"为具有致使含义的使役动词。五个"把"字句前面都可加上主语,使潜在基本语句中的主语成为使役句中的宾语。相对潜在基本语句而言,"把"字句提高了效价数目。简而言之,例句(48)"把妹妹急疯了"的语义是某人某事使得"妹妹急疯了",而不只是说"妹妹急疯了"。因此,"把"不是介词,而是具有致使含义的动词,此一例句以及推而言之的类似语句按理都应归类于致使式。

二、有关致使式的来源

从历时语言学的角度,蒋绍愚对致使式"把"字句的来源提出了见解。他认为,"这种'把'字句是怎么产生的?这是一个很值得研究的问题"。蒋绍愚把致使式分为 A、B 两类,其分类法与本章对致使式"将"字句的划分大致相同。他认为 A 类来自致使式中动词词组可作使动用法的主动宾例句,A 类包括本章讨论的"将"后宾语所连接的动词为形容词或不及物动词的致使式"将"字句,也包含吕叔湘归于致使式的以及动词为描写心理活动(非使役关系动补结构)的"把"字句;而 B 类,即本章分析的受成义及物动词短语致使式,因语句中动词短语不可作使动用法,蒋绍愚认为这类致使式"把"字句都是从工具式与致使式两可的语句转化而来的。

对蒋绍愚有关致使式来源的解释,我们有以下几点疑惑:

第一,蒋绍愚与本章所讨论的两大类致使式"把"字句或"将"字句,在语义上都是使役义,"将"或"把"的词义都相同且接近于动词"致使",只是"将"所关联的受成义短语结构有不及物与及物的区别,为何来源却不相同?

第二,如果蒋绍愚 A 类致使式"将"字句或"把"字句直接来源于不及物动词、形容词以及非使役关系动补结构的使动用法,那么,为什么在 A 类致使式中都有一个"将"或"把"？"将"或"把"从哪儿来？而且，为何致使式中的"将"或"把"不是虚化了的处置式中"具有提宾功能"的介词，而是具有致使含义的动词"将"或"把"？

第三，蒋绍愚有关致使式"把"字句来源于工具式"把"字句的论点建立在隋唐时期致使式"把"字句例句极少的语言现象的基础上，但不曾留意到隋唐期间《全唐诗》中存在着大量致使式"将"字句的语言现象，因此，选择了工具式与致使式两可的"将"字句例句作为支持其相关论点的证据。我们转摘蒋绍愚引用的若干例句并进行分析。

（53）已分将身著地飞，那羞践踏损光晖。（韩愈）

（54）惊杀东邻绣床女，错将黄晕压檀花。（杜牧）

（55）分明知是湘妃泣，何忍将身卧泪痕。（杜牧）

（56）以此思量这丈夫，何必将心生爱恋。（《敦煌变文集新书》）

（57）好向心行自觉知，休将心行成怪癖。（《敦煌变文集新书》）

蒋绍愚把例句（53）至（57）都归于工具式与致使式两可的句式，但从语义来看，只有例句（54）可以说是工具式与致使式两可，其余似乎就是致使式，若归于工具式与致使式难免不大妥当。

蒋绍愚认为"大体上说，早期的'把'字句以'把'+O+VP较多，随后发展起'把'+S_o+VP和'把'+S_a+VP，而且数量逐渐增加。因此，'把'字句的语义功能也发生了从表处置（狭义的）到表致使的变化"。如果把"将"字句与"把"字句分开讨论，蒋绍愚所言"'把'字句的语义功能也发生了从表处置（狭义的）到表致使的变化"是与"把"字句发展的历时语言现象吻合的；但探讨"把"字句致使式的来源时，却不宜以"将"字句的例句为依据。而如果要讨论"将"字句或不分"将""把"，则上述论断与"将"字句或"将/把"字句发展的历时语言现象不相符合。

工具式"将"字句与致使式"将"字句都是在隋唐时期发展起来的。据统计，在《全唐诗》中，有工具式"将"字句684个，有致使式"将"字句148个，其中蒋绍愚划为B类的受成义及物动词短语的致使式例句有47个，这些例句基本上不是工具式与致使式两可的句式。因此，致使式"将"字句不是由工具式与致使式两可的句式发展起来的。而且，我们将在后面章节中说明，不是致使式"将"字句发生在处置式"将"字句之后，恰恰相反，是致使式"将"字句发生在处置式"将"字句之前，处置式"将"字句不过是致使式"将"字句的进一步发展。

从历时语言现象来看，就"将"字句而言，致使式出现在处置式之前；

而就"把"字句而言，却是处置式出现在致使式之前，这样一种看来颇有些奇怪的语言现象，和致使式与处置式的来源与关系、"将"字句与"把"字句的关系是密切相关的，是需要从理论上进行分析与解释的。

第三节　致使式"将"字句的语义、结构等分析

从本章所引用的《全唐诗》中的致使式例句来看，致使式"将"字句是融合了"将"在《诗经》与先秦文献中的使动用法以及广义的使役义、"将"在《诗经》中的原始致使式中的词义词性、汉朝至南北朝期间的"将"连谓使役式的结构的一种使役连动句。致使式"将"字句采用《史记》《汉书》《世说新语》中传统的"将"连谓使役式的句析法，解析与重新表达《诗经》与先秦文献中"将"作使动用法时的广义的使役义。具体构句方法是，用"将"代表使役义中的施使义，某一具体动词或动词词组代表使役义中的受成义，施使义动词"将"与受成义动词或动词短语构成表达使役关系的兼语式连动句，这样一种表达方式增强了语句语义的表达能力，扩大了语义的表达范围，导致了"将"由使役义动词到施使义动词的词义弱化。

下面，我们从语义，结构，"将"的词义、词性等方面分述致使式"将"字句的特点。

一、致使式"将"字句的语义

《全唐诗》中致使式"将"字句是一种表达使役关系的连动句。从语义上看，致使式"将"字句继承了《诗经》及先秦文献中"将"的广义使役义，并应用在致动、致态等更加广泛的范围。有下面几种情况：

1. 使人做某种事情，如例句：（12）（15）（29）（30）；
2. 使物运动，如例句：（23）（28）；
3. 改变人的身心状态，如例句：（26）（39）；
4. 改变物的状态，如例句：（37）（40）；

比较致使式"将"字句与"将"连谓使役式，致使式"将"字句所涵盖的语义，已不只是局限于狭义的使役义，而是不受约束地扩展到了致动、致态等多方面，因此，致使式"将"字句是一种广义的使役句式。

在受成义动词为不及物动词与形容词的致使式"将"字句中，大多数例句的施事为客观事物，语句主要描述自然现象、客观事物（或人的非目的行为）导致的人或事物的受成性行动、运动或状态变化，这样的例句有67个，

约占 101 个这类致使式"将"字句的 66%，如本章例句（2）、例句（5）至
（11）等。

在受成义动词词组为及物动词短语的致使式例句中，也有少数例句的施
事是物，语句中由及物动词短语描述的受事的受成性行为、运动或状态变化，
不是由于人的合目的的行动，而是自然现象、客观事物（或人的非目的行为）
导致的结果，这样的例句有 6 个，占 47 个及物动词补语类致使式的 12.77%，
如例句（23）与（27）等。又如：

（58）天将金玉为风露，曾为高秋几度贫。

（59）九重天子调天下，春绿将年到西野。

（60）鲁性将他类此身，还拈野物赠傍人。

（61）我昔心猿未调伏，常将金锁虚拘束。

在某些例句中，施事为人的心态，但其施使性行为似乎也不宜归于合目
的的处置行为，如例句（61）的受成性行为"金锁虚拘束"是由于"心猿未
调伏"，是人自我控制力不够，而不是有意为之。

总的来看，在致使式"将"字句中，语义为处置义（根据王力的定义，
所谓处置义，即人合目的的行为导致人或物的某种行动、运动或某种状态）
的例句有 71 个，占 148 个致使式的 48%；而在受成义动词为不及物动词或
形容词的致使式例句中，处置义例句只有 33 个，仅占同类句式的 33%。总
体来说，《全唐诗》中致使式的语义是使役义，即某人某物的行为导致他人或
他物的某种行为或某种状态，而不能完全由处置义来概括。

二、致使式"将"字句的结构

从语句结构来看，隋唐时期产生的致使式"将"字句是对自汉朝至南北
朝产生与发展的"将"连谓使役式的全面继承。我们把致使式"将"字句与
"将"连谓使役式的例句比较如下：

从猎，将其二儿俱行。

愚者昧邪正，贵将平道行。

豨将侯敞将万余人游行

春坞桃花发，多将野客游。

楼船将军将齐兵七千人先至王险。

露将花影到衣裳。

卫鞅为大良造，将兵围魏安邑。

每将瓜田叟，耕种汉水渍。

从上面例句的比较中不难看出，致使式"将"字句对"将"连谓使役式的继承关系。但从语义与结构来看，"将"连谓使役式是兼语式与连谓式两可的句式，而致使式"将"字句则是典型的兼语式结构，其结构特点是用动词短语代表使役义的受成义，并放在"将"的宾语之后，"将"的宾语也是其后面所连接的受成义动词短语的施事，由此构成了表达使役关系的兼语结构的致使式"将"字句。与"将"连谓使役式不同的是，在致使式"将"字句中，"将"的施事不与其受事一起行动或发生状态变化。

三、"将"的词义、词性——致使式"将"字句与典型的使役关系连动句

我们在第三章中谈到，在《诗经》中已存在着原始的致使式例句（见例句（29）与（30））。分析表明，《诗经》例句中"将"的词义均可解释为"致使"，与《全唐诗》致使式"将"字句中"将"的词义接近。因此，就"将"的词义与词性而言，隋唐时期产生的致使式"将"字句可看作对《诗经》中原始的致使式"将"字句的隔代继承。致使式"将"字句广泛使用在"将"的施使义难以或不能由某个实义动词来描述，而只能用"致使"来笼统代表的情形，说明致使式"将"字句是由《诗经》与先秦文献中"将"作广义的使动用法的例句转化过来，从而保留了使动用法的基本特点，即只能直接表达某一行为的结果，而不能直接表达这一行为本身。

第四章中谈到，在先秦时代，"命""使""遣""令"就用于兼语式使役句，但这些兼语句中的使役动词只是作用于具有自由意志的人，使人产生某种行动（如第四章例句（21）至（24））。而致使式"将"字句中"将"的作用功能却不受制约，应用范围要广泛得多，"将"可以作用于人，也可作用于物，可以致动，也可以致态（参见本节所引例句）。

第四章谈及的兼语式使成式与致使式"将"字句中受成义短语为形容词或不及物动词的句式在结构上相同，但兼语式使成式中的使役动词代表的是某种具体行为，如例句（25）至（28）的"钩""吹""烧""拆"等。而致使式"将"字句中的使役动词"将"只具有抽象的致使含义，一般不可用具体的行为动词来替代，我们把兼语式使成式与致使式"将"字句的例句对比如下：

石角钩衣破，藤枝刺眼新。

蝶影将花乱，虹文向水低。

复吹霾翳散，虚觉神灵聚。
蝉见木叶落，雷将雨气寒。

检书烧烛短，看剑引杯长。
激雷与波起，狂电将日红。

谁能拆笼破，从放快飞鸣。
思将魂梦欢，反侧寐不成。

　　比较上面兼语式使成式与致使式"将"字句的例句，从语义上看，任何兼语式使成式例句中代表具体行为的使役动词都可为"将"所取代，从而把兼语式使成式例句转化为致使式"将"字句。就这点而言，致使式"将"字句中的"将"与英语中迂说式使役句中的使役动词 make 与 cause、法语中双动词谓语式使役句中的 faire 在语句中起到的作用是相同的。因此，在表达使役语义的连动句中，致使式"将"字句中的"将"可以看作表示使役关系的一般性的动词符号；或者说，致使式"将"字句是表示使役关系的典型的连动式使役句。在不同国家或地区的语言研究中，尚无典型的使役语义连动句。但本章论证了致使式"将"字句具有表达使役关系的典型的连动句的语言特性。因此，在不同语言的比较研究中，出现在隋唐时期的汉语中的致使式"将"字句，以及现代汉语中的致使式"把"字句应有其特殊的意义。

第四节　致使式"将"字句的形成及其
向"将"前置处置式的过渡

　　在隋唐期间，不仅产生了致使式"将"字句，还产生了"将"前置处置式、"将"后置处置式等新型"将"字句及相关的"把"字句。为何在隋唐期间突然涌现出大量的具有新的词义与词性、语义与结构的"将"字句、"把"字句呢，这一直是颇令语言学界困惑的问题。

　　本书认为，新型"将"字句、"把"字句在隋唐时期突然大量涌现和发展，不是某些学者所说的受外来语言的影响或汉语语言的自然发展，而是政治制度创新所导致的语言创新。具体而言，是隋唐科举制的创立与发展导致的诗歌语言在复古基础上的创新。体现在"将"字句上，首先是"将"在《诗经》与先秦文献中的广义使役义在《全唐诗》中的全面复活；其次是自汉朝至南北朝上千年间，在《史记》《汉书》《世说新语》中，用句析法表达"将"的狭义使役义的"将"连谓使役式已经成熟。这些因素的综合作用导致了致使式"将"字句等新型"将"字句在隋唐时期的产生和发展。

一、制度创新所导致的语言创新

中国的科举制度起源于隋朝，并在唐朝获得进一步发展与完善。[①]唐朝开科取士，考试设有明经科与进士科。《诗经》(《毛诗》)是明经科考试的九种经之一(明经即通经，明经科需要通过两种经的考试)。又高宗永徽四年(653年)，"颁孔颖达之《五经正义》于天下，每年明经令依此考试"，《诗经》即五经之一，而对《诗经》的注释，则以《正义》(包括《毛传》《郑笺》《孔疏》)为标准答案。

到了唐朝鼎盛时期，不只是《诗经》是考试的科目之一，诗赋写作也是进士科必考的文体，诗赋写作的才能成为录取进士的标准。高宗永隆二年(681年)下诏进士考试杂文。而杂文的文体，在唐朝"开元间，始以赋居其一，或以诗居其一，亦有全用诗赋者，非定制也。杂文之专用诗赋，当在天宝之季"。

尽管在西汉早期汉文帝时就设有传《诗经》的博士官，汉武帝时置诗、书、易、礼、春秋五经博士，且博士官可收弟子五十名。但《诗经》博士的设立，其主要功能在于彰显汉朝皇权对于正统文化的传承，《诗经》的语言对当时文学写作的影响，远远不如隋唐时期那样深入与广泛。如前所言，自秦汉至隋唐前数百年间，在《史记》《汉书》《世说新语》与《艺文类聚》中，只有《汉书》记载的诏书、诗歌、辞赋的文体中，还保留了"将"作形容词或不及物动词的个别例句。而隋唐时期，由于科举制的建立与发展，《诗经》为明经科考试科目，进士科更是以诗赋取士，"上书献诗"成为士人们获取达官权贵的赏赐提拔、社会名声的途径，律诗的写作唱和成为士子与官僚阶层的生活时尚与社交方式。[②]不难想象，人们自觉地把《诗经》的语言、诗意，包括"将"的词义、词性、用法等，融会贯通在隋唐律诗的写作之中，由此

---

① 本节有关隋唐考试科目与文体的介绍，均转摘李昱东的《唐代科举制度的演进》空大人文学报，第19期，2010年12月。

② 付璇琮. 唐代科举与文学. 陕西：陕西人民出版社，2007.

导致了"将"在《诗经》与先秦文献中的使役义在《全唐诗》中的全面复活。据统计，在《全唐诗》中，"将"作单个使役动词使用的例句有 223 个之多（详见本书第八章）。

隋唐时期的致使式"将"字句、"将"前置处置式、"将"后置处置式的涌现，就建立在"将"在《诗经》与先秦文献中的广义使役义在《全唐诗》中全面复活的基础上。

二、致使式"将"字句的形成过程

致使式"将"字句在构句原则上与"将"连谓使役式并无不同，只是把"将"连谓使役式的构句原则建立在复活了的"将"的广义使役义的基础上。因此，如同"将"连谓使役式，致使式"将"字句与先秦文献中"将"在使动用法中具有广义的使役义的例句有着直接或间接的联系。例如：

安之者必将道也。（《荀子·王霸》）

愚者昧邪正，贵将平道行。

之子于归，远于将之。（《诗经·燕燕》）

春坞桃花发，多将野客游。

简兮简兮，方将万舞。（《诗经·简兮》）

明年尚作三川守，此地兼将歌舞来。

或剥或亨，或肆或将。（《诗经·楚茨》）

地与喧闻隔，人将物我齐。

我们用最后一组例句之间的联系来说明隋唐时期的致使式"将"字句的大致发展过程。

《毛传》把"或肆或将"注解为"肆陈、将齐也，或陈于互，或齐其肉"。或者说，"将"的词义来自"将"的使动用法"将其肉"，词义源于形容词"齐"。郭璞《尔雅注》把"将"进一步注解为使役义"分齐"。

自汉朝至隋唐已存在着用句析法重新表述"将"的狭义使役义的"将"连谓使役式。当"将"的广义使役义在《全唐诗》中已全面复活，人们就可以用与"将"连谓使役式类似的句析法，在"将"作使动用法的《诗经》例句的基础上，用"齐"代表"将"原有的使役义中的受成义。而"将"仍代表使役义中的施使义，通过"将"与"齐"构成的连动句来表达"将"作使动用法的使役义，由此形成了致使式"将"字句。同时"将"的动词词义也由使役义弱化为一般性的施使义"致使"。

在《全唐诗》的致使"将"字句中，受成义动词为"齐"的例句共有 9个，例如：

（62）高士不羁世，颇将荣辱齐。

（63）搔首蓬门下，如将轩冕齐。

（64）千年埋没竟何为，变化宜将万物齐。

（65）虞人初获西江西，长臂难将意马齐。

（66）破胡必用龙韬策，积甲应将熊耳齐。

（67）浮生莫把还丹续，万事须将至理齐。

"同"为"齐"的近义词，既然致使式"将"字句可以用"齐"来描述语句中受事的状态变化，人们也就可能把致使式"将"字句用在受成义动词的词义与"齐"接近的情形，于是，就有了用"同"来描述受事状态变化的致使式"将"字句。《全唐诗》中这样的例句共有 10 个，如：

（68）色任寒暄变，光将远近同。

（69）散拙亦自遂，粗将猿鸟同。

（70）多谢非玄度，聊将诗兴同。

（71）不数秦王日，谁将洛水同。

（72）不畏道途永，乃将汩没同。

（73）折取对明镜，宛将衰鬓同。

既然致使式"将"字句可以用于受成义动词为"齐""同"的情形，人们也可以把致使式"将"字句进一步使用在词义与"齐""同"相反的情形，于是，我们在《全唐诗》中看到了 3 个受成义动词为"殊"的致使式"将"字句。例如：

（74）独此临泛漾，浩将人代殊。

（75）今日辞门馆，情将众别殊。

（76）大有饥寒客，生将兽鱼殊。

再进一步，人们就可能把致使式"将"字句扩展到受成义动词与"将"在《诗经》与先秦文献中的词义没有关联的更为一般的情形，即"将"以致使为词义，与任意形容词或不及物动词相连，或与及物动词短语相连（以"将"连谓使役式的结构为先例），用以表述在人的行为或物体的动力作用下，他人或他物发生了某种行为或状态变化，从而形成描述广义的使役关系的致使式"将"字句。

本书认为,《全唐诗》中的致使式"将"字句建立在"将"作使动用法的语句的基础上,并用"将"连谓使役式类似的构句方式重新表述"将"的广义使动义。相对蒋绍愚等其他学者的有关论点而言,在概括相关语言现象的规律上我们有以下几点不同:

1. 本书认为,《全唐诗》中的致使式"将"字句建立在"将"在《诗经》与先秦文献中作使动用法的语句的基础上,因此,致使式中必然包含着"将"字。我们不需要在不及物动词、形容词以及非使役关系动补结构的使动用法语句转化为致使式时,假定存在一个与之无关的、来源不明的、具有提宾功能或引出受事功能的"将"或"把"。

2. 致使式"将"字句是用"将"连谓使役式相似的句析法重新表述"将"在《诗经》与先秦文献中广义的使役义,而汉朝至南北朝的"将"连谓使役式的结构中已包含着受成义动词词组为不及物动词或及物动词短语的不同结构。因此,致使式"将"字句的语句结构不过是对"将"连谓使役式的语句结构的继承,并不存在不同结构的致使式"将"字句或"把"字句具有不同来源的语言现象。

3. 致使式"将"字句与处置式"将"字句(现代"把"字句的前身)的语义均直接来自"将"作使动用法的广义使役词义。相对于"将"作使动用法的使役义而言,"将"在致使式"将"字句中的动词词义弱化了,只具有使役义的施使义,而在处置式中"将"的词义完全虚化了。因此,本书首次发现并提出,是致使式"将"字句产生在前,处置式"将"字句产生于后,而不是相反。若不考虑《诗经》中的原始"将"连动句,三国时期经学家王肃曾使用过 1 例致使式"将"字句,《艺文类聚》收集的南北朝诗歌中也有 2 个致使式"将"字句例句,却无"将"前置处置式例句,这也为"致使式'将'字句出现在前,'将'前置处置式出现在后"的断言提供了佐证(参见第八章例句(89)与(90))。

下面将进一步说明,致使式"将"字句本身包含着另一种解读的可能性,即处置式、致使式两可的句式,为致使式"将"字句向"将"前置处置式的过渡创造了条件。因致使式"将"字句出现在"将"前置处置式之前,"将"的动词词义的演变是一个从弱化到虚化的过程,而不是从动词虚化到介词再又回到致使义动词的过程。

4. 由于致使式"将"字句的形成直接来源于"将"的使役义的弱化,根据本书研究,"把"的原始动词词义中并不具有使役义,因此,隋唐时期致使式的产生与"把"字句无关,只是与"将"字句有关。本书研究表明,隋唐时期的"把"字句发源于唐诗之中，且出现于"将"字句之后。由于"把"字句产生时，各种"将"字句已经成熟，所谓"把"字句，不过是出于律诗平仄格律的要求，"把"替代了"将"的"将"字句，因此，并不存在着"把"字句独自发展各种句式的过程。这一替代过程是先有处置式"把"字句对处置式"将"字句的替代；而后，随着"把"字句对"将"字句的全面替代，才有致使式"把"字句对致使式"将"字句的替代，于是出现了与"将"字句恰恰相反的处置式"把"字句在先、致使式"把"字句在后的历时语言现象。

三、致使式"将"字句向"将"前置处置式的过渡

本书把致使式"将"字句分为两大类，这里只重点探讨第一大类，即例句中"将"后宾语所连接的动词为形容词或不及物动词。在这类例句中，"将"本身的词义与词性，"将"后宾语所连接的动词的含义及其在语句中所起到的作用，以及"将"字句的归类，可能有两种不同解释。

一种解释如前所述，把这类"将"字句看作致使式。把"将"看作是以"致使"为词义的施使义动词，代表了难以用实义动词描述人的施使性行为或自然力的施使性作用。"将"后宾语是"将"的受事，"将"后宾语所接形容词、不及物动词是受成义动词，代表受事（人或物）所发生的受成性行为与状态变化。

人们还可能从另一个角度来解释。在《诗经》与其他先秦文献中，"将"是使动用法的使役动词。而所谓使动用法，本来就是把形容词、名词、不及物动词作为使役义的及物动词来使用。因此，本章例句（1）至（20）中，"将"后宾语所连接的形容词或不及物动词，也可能被人看作是代表了"将"的全部使役义的及物动词。一方面，它们为及物动词，因而具有使役义中的施使义，只是施使义不能直接由这些及物动词表现出来，而只能依文为义；另一方面，它们具有受成义，并直接表现了语句中受事的受成性行为或状态。如果从这个角度来看，"将"的使役义全部反映在"将"后宾语所接的动词（形容词、不及物动词）上，"将"的词义就被完全虚化了。在这种可能性的解读中致使式也就转化成了处置式，而这种处置式构句原则的主要特点是：把体现"将"的全部使役义的动词（首先是形容词与不及物动词）放在"将"的宾语之后。我们需要指出的是，吕叔湘就是从类似角度出发，把动词为描述心理活动并带有结果补语的致使式划归为"把"字虚化了的"把"字句的（也就是人们所言的处置式，只是吕叔湘不认可处置式的说法）。

一旦有人从处置式的角度去解读和使用上述致使式"将"字句，或者把

这种句式看作致使式与处置式两可的句式，当这样的例句大量产生（据统计，在《全唐诗》中，这类致使式"将"字句例句有 101 个之多，占《全唐诗》中"将"前置处置式（包括致使式与处置式两可的句式）的 24%），人们就可能把上面提及的这种"将"字句的构句原则推广和应用在更加广泛的情形。即用及物动词来解析与代表"将"原有的施使义，并把此动词放在"将"的宾语之后，以明确表达"将"的使役义中的施使义；而用补语或状语成分等来描述"将"的受成义，由此导致了应用广泛的现代"把"字句的前身即"将"前置处置式的产生。而"将"在"将"字句中的词义，则实现了从弱化到完全虚化的飞跃。

我们把隋唐时期受成义动词为形容词与不及物动词的致使式"将"字句从致使式到处置式的演变过程示意如下：

"乐之君子，福履将之"（《诗经·樛木》，"将"：《毛传》注为"大"）。

等式 1　福履将之 ＝ 福履将之大

上面等式左边为《诗经》中使动用法例句，右边为隋唐期间的致使式变换。此处，福履将之的"将"在词义上大于福履将之大的"大"，因为"将"为使役义，"大"为受成义。又如：

等式 2　福履将之 ＝ 福履大之

"将"的使动义为"大"，上面两种使动用法等价。所以：

等式 3　福履将之大＝ 福履大之

由于上面等式中福履将之大的"大"与福履大之的"大"在字词上完全一样，在解读与使用上就会逐渐发展成下面的情形：

等式 4　福履将之大的"大" ＝ 福履大之的"大"

严格地说，等式 4 是一种对致使式中的"大"与使动用法中的"大"的误读和误用，但正是这种误读和误用却恰到好处地完成了从致使式到处置式的过渡，即（把等式 4 与等式 2 置换）：

等式 5　福履将之大的"大" ＝ 福履将之的"将"

等式 5 左边意味着把代表"将"的全部使役义的动词都放在"将"的后面。

当把这种致使式与处置式两可的句式推广到更一般的情形，也就是说在"将"后面所连接的动词短语中，"将"的施使义能够用描述各种人的行为或物的动力的动词来代表，"将"的受成义用补语或其他语句成分来代表时，现代"把"字句的前身"将"前置处置式就产生了，当然，"将"的词义也就完全虚化了。

第六章　隋唐"将"前置处置式

在《全唐诗》中，出现了"将"的词义虚化的新"将"字句，"将"前置处置式是其中的一种主要句式。"将"前置处置式是现代处置式"把"字句的前身，人们一般称为处置式。本书称之为"将"前置处置式，是为了区别在《全唐诗》中还存在着的往往被人们忽略了的另一种处置式——"将"后置处置式（详见第七章）。在"将"前置处置式或现代处置式中，"将"在其宾语以及施使义动词之前；而在"将"后置处置式中，"将"在施使义动词之后。

从语义上看，"将"前置处置式与致使式"将"字句类似，均继承了"将"源自《诗经》的广义使役义，即在人的行为或自然力的作用下，使人或事物发生各种行为、运动或状态变化。不过，因《全唐诗》中大部分"将"前置处置式例句的语义都为处置义，即使役义中的施使义代表的是人的合目的的行为，我们依据习惯，把所有这类使役义（包括非处置义）"将"字句统称为"将"前置处置式。

我们将在本章讨论，与致使式"将"字句类似，《全唐诗》中"将"前置处置式例句中的广义使役义并不包括"将"连谓使役式的语义，"将"前置处置式在语义上向狭义使役义的扩展发生在隋唐之后。其原因在于"将"前置处置式是从致使式"将"字句的基础上发展起来的。我们将在第七章着重论述，在《全唐诗》中，"将"连谓使役式的语义是由另一种处置式——"将"后置处置式继承的。

"将"前置处置式是在被视为致使式与处置式两可的致使式"将"字句基础上发展起来的；与此同时，也是用一种新句型来解析并重新表达"将"在《诗经》中的广义的使役义。从结构上看，"将"前置处置式与致使式"将"字句具有继承基础上的变异关系。在"将"前置处置式中，"将"处于使役义动词短语的宾语之前，"将"使役义中的施使义被其他动词所代表，并置放在"将"后面的宾语之后，而"将"的受成义则用补语结构、状语结构等来描述。

因此，"将"的动词词义在语句中虚化了，但《诗经》等先秦文献中"将"的广义使役义却在语句中更加明确和具体地展现与表达出来。"将"前置处置式的结构与现代处置式"把"字句的结构完全一致。

"将"前置处置式可用下面公式来表达，其中 NP（Noun Phrase）为名词词组，VP（Verbal Phrase）为动词词组：

公式一　NP$_{施}$ + 将 + NP$_{受}$ + VP$_{使役}$

其中，NP$_{施}$为施事，NP$_{受}$为受事，"将"是虚词，NP$_{受}$也是 VP$_{使役}$中施使义动词的宾语，VP$_{使役}$一般为使役义动词短语，或至少包含施使义动词的动词短语。一般而言，把第五章公式一中"将"的施使义解析出来，用其他动词代表并放入 VP$_{受成}$中，则可转换为本章的公式一，或者致使式"将"字句转换为"将"前置处置式。

在《全唐诗》的"将"前置处置式中，VP$_{使役}$可以分为两大类，一类是现代"把"字句中常见的，VP$_{使役}$为使役义动词短语结构；另一类 VP$_{使役}$则均不带动词本身之外的语言成分，VP$_{使役}$或为使役义动词，或为施使义动词，语句的受成义则由状语结构等来表示。

"将"前置处置式及其两大类句式的例句在《全唐诗》中出现的概况如表6-1所示。

表6-1　"将"在《全唐诗》中出现的概况（1）

种类	数量	占比（%）
VP 为单动词句型	127	36.39%
VP 为使役义短语句型	222	63.61%
"将"前置处置式总数	349	100%

下面，我们分别讨论 VP 为单动词与 VP 为使役义短语的两大类"将"前置处置式。我们将对《全唐诗》中"将"前置处置式的各小类句式进行分析，并将我们的分类与丁崇明教授在《现代汉语语法教程》中对现代"把"字句的句式划分进行比较，为追溯现代"把"字句句式的来处提供参考。

本章例句主要取自《全唐诗》，除非引用其他文献的例句，一般不再加以说明。

第一节 单动词句型：Adv +"将"+ NP受 + Adv + V

NP受为名词，V 为单个动词，Adv 为状语结构。

在《全唐诗》中，"将"前置处置式的例句有 349 个，其中"将"后宾语所接动词为单个动词且其后不带其他语句成分的例句有 127 个，占所有"将"前置处置式的 36%。我们把这种早期"将"前置处置式称为单动词句型。其特点与《现代汉语语法教程》中句式 1 类似，但一般不带有动词后缀"了""着"。不过，在现代汉语的处置式中，这种类型的语句已经极少了。

在这类语句中，受事的受成性行为和状态变化，有的是由动词直接或间接地表现出来，有的则是由动词前或"将"前的状语结构间接地表现出来。我们把这种类型的语句分成几小类句式，其例句在《全唐诗》中出现的概况如表 6-2 所示。

表 6-2 将在《全唐诗》中出现的概况（2）

种类	数量	占比（%）
使役义或情感色彩及物动词	17	13.39%
动词前有修饰性状语	26	20.47%
"将"前有修饰性状语	84	66.14%
总数	127	100%

一、V施为单个及物动词

这种句式中的动词为单个及物动词，其宾语为"将"后的名词，并直接代表使役义中的施使义；而使役义中的受成义行为或状态变化则通过不同方式间接地表现出来。

1.动词本身包含受成义，如：

（1）道种将闲养，情田把药锄。

动词"养"包含合目的的效果。

2.动词带有明显的情感色彩，如：

（2）敢忘垂堂戒，宁将暗室欺。

（3）始将麋鹿狎，遂与麒麟斗。

动词"欺"与"狎"都带有强烈的情感色彩，动作的效果也就间接地表现出来了。"欺"会导致不良的情感反应，而"狎"则有好玩的趣味。

3. 通过对施事或受事的修饰，间接表达动作的效果，如：

（4）缺篱将棘拒，倒石赖藤缠。

（5）礼将金友等，情向玉人偏。

例句（4）的施事为"缺篱"，篱笆有缺口，勉强用它去阻拒荆棘，不能说没用，但可想效果有限。例句（5）的受事为"金友"，友人如金子般珍贵，那"礼"是下了决心非把友人等到不可的了。

4. "将"后动词的效果由分句间接地表现出来，如：

（6）本作渔钓徒，心将遂疏放。

（7）已用当时法，谁将此义陈。

（8）功名不早著，竹帛将何宣。

（9）且有诸峰在，何将一第呼。

这几个语句中动作的效果体现在前面的分句里。就例句（6）而言，因"本作渔钓徒"，这颗"心"自然就"将遂疏放"下了。而例句（8）中，既然"功名不早著"，"竹帛"也就没什么可写可宣传的了。

在《全唐诗》中，这类既不带状语，也不带补语等，动词为单个及物动词的"将"前置处置式语句有 17 个，约占"将"前置处置式的单动词句式的13%。

二、动词前有状语修饰成分："将"+ NP$_受$ + Adv + V$_施$

在这类单动词句式中，动词前具有状语修饰成分，以间接地、隐含地表达行为动作可能达到的使人或事物的状态发生变化的效果。例如：

（10）莫怪斜相向，还将正自持。

（11）休将心地虚劳用，煮铁烧金转转差。

（12）拟将剑法亲传授，却为迷人未有缘。

（13）久赋恩情欲托身，已将心事再三陈。

（14）檐花照月莺对栖，空将可怜暗中啼。

（15）念我能书数字至，将诗不必万人传。

（16）见酒须相忆，将诗莫浪传。

（17）晓夕双帆归鄂渚，愁将孤月梦中寻。

（18）已将心事随身隐，认得溪云第几重。

（19）天不当时命邹衍，亦将寒律入南吹。

（20）如将舞鹤鹙，误向惊凫吹。

（21）还将鲁儒政，又与晋人传。

（22）月将河汉分岩转，僧与龙蛇共窟眠。

（23）不怕凤凰当额打，更将鸡脚用筋缠。

例句（10）至（14）为副词作状语；例句（15）与（16）为否定副词作状语；例句（17）至（22）为短语结构作状语，有些带介词，有些不带。其中，例句（17）（19）（20）为处所状语，（21）为双宾语结构，（23）为工具状语。

在例句（17）中，动词"寻"之前的状语"梦中"表达出在忧愁中寻找"孤月"的徒劳；而例句（19）中，动词"吹"前的状语"入南"，表达出即使是"寒律"也要吹出暖的意愿来。

在《全唐诗》中，这类例句有 26 个，约占"将"前置处置式的单动词句型的 20%。

三、"将"前有状语修饰成分：Adv+"将"+NP$_受$+V$_施$

在单动词句型中，状语修饰成分也可放置在"将"之前，以表达行为动作可能达到的使人或事物的状态发生变化的效果，而表达效果与动词前状语类似，只可能是间接的、隐含的。由于例句较多，在《全唐诗》中有 84 个，约占"将"前置处置式的单动词句型的 66%。我们根据状语的特点，将这种句式又做了如下划分：

（一）副词作状语

（24）何必更将空色遣，眼前人事是浮生。

（25）方将氓讼理，久翳西斋居。

（26）惆怅江湖思，唯将南客论。

（27）且将公道约，未忍便归耕。

（28）紧把赤龙头，猛将骊珠吸。（用副词"猛"来表现吸"骊珠"的效果）

（29）黄莺一一向花娇，青鸟双双将子戏。

（二）否定副词作状语

（30）列子居郑圃，不将众庶分。

（31）无将一会易，岁月坐推迁。

（32）莫将山水弄，持与世人听。

（三）连词

（33）谬合同人旨，而将玉树连。

（34）如将月窟写，似把天河扑。

（35）为将金谷引，添令曲未终。

（36）朗咏高斋下，如将古调弹。

（四）形容词作状语

（37）疏与香风会，细将泉影移。（形容词"细"蕴含着"泉影"移动的微妙之处）

（38）几向霜阶步，频将月幌褰。

（39）愧将生事托，羞向鬓毛看。

（40）所以吾唐风，直将三代甄。

（41）诗琢冰成句，多将大道论。

（42）洲渚遥将银汉接，楼台直与紫微连。

（五）动词与动词短语作状语

（43）试将诗义授，如以肉贯弗。

（44）愿许为三友，羞将白发挦。

（45）忆将亲爱别，行为主恩酬。

（46）自顾青绲好，来将黄鹤辞。

（47）静坐将茶试，闲书把叶翻。

（48）左魂右魄啼肌瘦，酪瓶倒尽将羊炙。

（49）终朝衡门下，忍志将筑弹。

（50）野客已闻将鹤赠，江僧未说有诗题。

在上面例句中，"将"后宾语所接动词为施使义动词，而"将"前作为状语的动词与动词短语则间接表现施使性动作的效果，或者说间接表现使役义中的受成义。如例句（45），"将"前动词"忆"表明，"别"表示的施使性动作是发生在过去的行为，是"别了"的"别"。例句（48），"将"前的动词短语为"酪瓶倒尽"，那语句中的受事"羔羊"自然"炙烤"得香喷喷的，令人垂涎欲滴了。例句（50），"将鹤赠"为"将"前动词"闻"的宾语，"赠"也是"赠了"的"赠"。

（六）能愿动词作状语

（51）何处好迎僧，希将石楼借。

（52）解把五行移，能将四象易。

（53）岂复民氓料，须将鸟兽驱。

（54）誓将业田种，终得保妻子。

（55）欲将千里别，持我易斗粟。

（56）欲将此意与君论，复道秦关尚千里。

（七）其他状语

（57）门前便取虼蛛乘，腰上还将鹿卢佩。

（58）侯门数处将书荐，帝里经年借宅居。

（59）旧文去岁曾将献，蒙与人来说始知。

（60）迩来多少登临客，千载谁将胜事论。

（61）黄莺一向花娇春，两两三三将子戏。

例句（57）与（58）为处所状语加表示动作重复的状语；例句（59）与（60）为时间状语；例句（61）为熟语，相当于成语"三三两两"。

第二节　使役义动词短语句型：
"将" + NP$_受$ + VP$_{使役}$（V$_施$ + P）

使役义动词短语句型是"将"+NP$_受$+VP$_{使役}$（V$_施$+P），其中，NP$_受$为名词，VP$_{使役}$为使役义动词短语，其中V$_施$为施使义及物动词，P为表示受成义的语句成分。

该句型描述的是《全唐诗》中"将"前置处置式的使役义动词短语句型，也就是现代汉语中"将""把"字句的主要句型。这种句型把"将"的使役义用使役义动词短语表示，并放置在"将"的宾语之后。使役义动词短语中的动词为使役义中的施使义，表达施事（人或物）的施使性行为，而使役义中的受成义则由其他语句成分来表示，描述受事（人或物）的受成性行为或状态变化。

由于"将"的使役义明确而具体地表现在语句的使役义动词短语中，"将"的动词词义在语句中就完全虚化了。

在《全唐诗》中，这种"将"前置处置式使役义动词短语句型的例句有222个，占"将"前置处置式例句总数的64%。根据语句中受成义语句成分的特点，我们把《全唐诗》中的这种处置式例句做了进一步分类，其分布概况如表6-3所示。

表 6-3　"将"在《全唐诗》中出现的概况（3）

种类	数量	占比（%）
趋向动词短语	1	0.45%
形容词表示的结果补语	7	3.15%
处所补语或动词补语 + 处所宾语	53	23.87%
可与双宾句变换关系的句式	87	39.19%
受成义及物行为补语	2	0.90%
作/成 + 结果宾语	12	5.41%
连谓短语	12	5.41%
谓语中心语动词为称作、看作等	3	1.35%
保留宾语	17	7.66%
相比句	28	12.61%
总数	222	100%

一、"将"+NP$_受$ +V$_施$ + 趋向动词短语

（62）独将湖上月，相逐去还归。

例句（62）有两种解释，一种是"将"的词义为"与"，则"相逐"为动词短语作状语，"去还归"为连谓结构，"还归"为复合式动词，则这一语句不可归于"将"前置处置式。另一种解释是"逐"为施使义动词，"去还归"为受成义连谓结构，表示"去"与"还归"两个方向，则"去还归"可以看作"逐"的趋向动词短语。在这种解释中，该语句的语义与"将"连谓使役式是相同的，也是《全唐诗》中唯一用"将"前置处置式表示狭义的使役义的例句。此例句可归于《现代汉语语法教程》中的句式 4。

二、"将"+NP$_受$ +V$_施$ + 结果补语

（63）拟将寂寞同留住，且劝康时立大名。

（64）若道阴功能济活，且将方寸自焚修。

（65）天将南北分寒燠，北被羔裘南卉服。

（66）城窄山将压，江宽地共浮。

在上面例句中，形容词"住""修"（"修"的词义为"美好"）"寒燠""窄"，分别为施使义动词"留""焚""分""压"的结果补语，分别表示施事的施使性行为所导致的受事的状态变化或某种结果。

为了诗句对仗的需要，例句（66）把语句的受成义"城窄"放在句首，显然不是典型的处置式结构，因"城窄山将压"可按处置式重新安排为"山将城压窄"，故将此例句归于此类句式。

在《全唐诗》中，"将"前置处置式的例句有 7 个，这一句式与《现代汉语语法教程》中的句式 3 和句式 10 类似（句式 3 与句式 10 的区别是，前者不带助词"给"，后者带）。

例句（65）可归于《现代汉语语法教程》中的句式 19（受事为联合短语）。

三、"将" + NP$_受$ + V$_施$ + 处所补语（或 V$_补$ + 处所宾语）

（67）似将青螺髻，撒在明月中。

（68）如何将此景，收拾向图中。

（69）谁将新濯锦，挂向最长枝。

（70）惟将知命意，潇洒向乾坤。

（71）莫将流水引，空向俗人弹。（流水引应为曲名）

（72）明月在天将凤管，夜深吹向玉晨君。

（73）尽将千载宝，埋入五原蒿。

（74）空将感激泪，一自洒临岐。

（75）唯将旧瓶钵，却寄白云中。

（76）唯有绣衣周柱史，独将珠玉挂西台。

（77）余魄岂能衔木石，独将遗恨付筌篌。

（78）想到宜阳更无事，并将欢庆奉庭闱。

（79）无事将心寄柳条，等闲书字满芭蕉。

（80）寒气宜人最可怜，故将寒水散庭前。

在上面例句中，处所补语由表达处所关系的介词词组所构成，如例句中的"在明月中""向图中"等，处所宾语如例句中的"临岐""白云中""西台"等。

在全唐诗中，这类例句有 53 个，例句（67）至（72）可归于《现代汉语语法教程》中的句式 8；例句（73）至（80）可归于《现代汉语语法教程》的句式 9；另外，例句（76）亦可归于《现代汉语语法教程》的句式 19。

四、"将" + NP$_{受1}$ + V$_施$ + NP$_{受2}$

这种句式的施使义动词 V$_施$ 后的间接宾语 NP$_{受2}$，吕叔湘称之为受事补语。在动词与间接宾语间，有的用介词"与"或"向"连接，有的不用。这一句式与《现代汉语语法教程》中的句式 11 类似，《现代汉语语法教程》称作"与双宾句有变换关系"的句式。

（81）遥将一点泪，远寄如花人。

（82）还将弄机女，远嫁织皮人。

（83）惭将多误曲，今日献周郎。

（84）磨灭怀中刺，曾将示孔融。

（85）还将负暄处，时借在阴人。

（86）谁将许由事，万古留与君。

（87）须将一片地，付与有心人。

（88）堪将指杯术，授与太湖公。

（89）难将尘界事，话向雪山僧。

（90）愿将花赠天台女，留取刘郎到夜归。

（91）三日开箔雪团团，先将新茧送县官。

（92）不作草堂招远客，却将垂柳借啼莺。

（93）寄言痴小人家女，慎勿将身轻许人。

（94）自恨青楼无近信，不将心事许卿卿。

（95）劳将箸下忘忧物，寄与江城爱酒翁。

（96）拟将枕上日高睡，卖与世间荣贵人。

在上面例句中，间接宾语中的受事为人，在《全唐诗》中，这样的例句有 68 个。在下面例句中，间接宾语中的受事主要为自然现象，但都具有某种人格化的象征意义，因此，我们也将其归于同一类句式。

（97）将心托流水，终日渺无从。

（98）将心托明月，流影入君怀。

（99）几度将书托烟雁，泪盈襟。

（100）当时堪笑王僧辨，待欲将心托圣明。

（101）长叹人间发易华，暗将心事许烟霞。

（102）却是陈王词赋错，枉将心事托微波。

（103）误以音声祈远公，请将徽轸付秋风。

在《全唐诗》的"将"前置处置式中，"与双宾句有变换关系"的例句共有 87 个。

五、"将"+NP_受+V_施+及物行为补语

（104）君将海月珮，赠之光我行。

（105）能以功成疏宠位，不将心赏负云霞。

例句（104），"之"代表"海月珮"，因此，"海月珮"是"光我行"的主

语。从语义上看，该例句是用受成义及物动词短语作结果补语；但从结构上看，施使义动词"赠"后的宾语"之"没有省略，故不是典型的处置式。

六、"将"+NP$_{受1}$+V$_{施}$+作/成+NP$_{受2}$

（106）水上鸳鸯比翼，巧将绣作罗衣。

（107）欲将张翰秋江雨，画作屏风寄鲍昭。

（108）谁将平地万堆雪，剪刻作此连天花。

（109）谁能将此盐州曲，翻作歌词闻至尊。

（200）久将时背成遗老，多被人呼作散仙。

这一句式的受成义短语由"作"（少数用"成"）加结果宾语构成，可归于《现代汉语语法教程》中的句式 14，表述施事经过某一动作行为，使受事从某一事物变成了另一事物的情形。在现代"把"字句中多用"成"取代了"作"。

在《全唐诗》中，此种句式有 12 个例句。

七、"将"+NP$_{受}$+连谓短语

（201）愿将黄鹤翅，一借飞云空。

（202）折戟沉沙铁未销，自将磨洗认前朝。

（203）归去来，头已白，典钱将用买酒吃。

（204）将法传来穿浃溙，把诗吟去入嵌岩。

（205）免将妾换惭来处，试使奴牵欲上时。

（206）玉管将吹插钿带，锦囊斜拂双麒麟。

这一句式为连谓结构，主要用于描述后一施使性行为是前一施使性行为所要达到的目的或实现的目标，如例句（201）至（204）。例句（205），后一动词短语描述的心理活动解释了前一行为的动机。不过，这种句式也可用于表述仅仅具有时间相继性的连续动作，如例句（206）。例句（202）与（203）"将"后宾语省略。

在《全唐诗》中，这类句式的例句有 12 个，与《现代汉语语法教程》句式 20 的例句 3 类似。

八、"将"+N$_{受1}$+V$_{施}$（唤作）+N$_{受2}$

（207）将他儒行篇，唤作贼盗律。

此例句是典型的《现代汉语语法教程》句式 13。按照《现代汉语语法教程》的说法，这种句式的主要使用情景是，"本来不是 B 事物（或人、或行

为），陈述某人看 A 为 B 事物（或人、或行为）"。

九、"将" + NP受 + V施 + 保留宾语

这种句式的特点是动词后面也带宾语，吕叔湘称之为保留宾语。他认为，"这种宾语跟动词结合成一个熟语，已经可以当作一个复合的动词看"。而且，"这些保留宾语，跟动词之间的关系较比正规宾语要密切些，因而占据了动词后的位置"。从《全唐诗》中这种句式的例句来看，这些所谓的保留宾语，一般代表着在施使性行为作用下受事的整体变化状态或表面上的添加了的变化状态。《全唐诗》中这种句式的例句有 17 个，且可分为以下若干小类：

（一）保留宾语前可加动词"作"或"成"

（208）仍闻好事者，将我画屏风。

（209）已将心变寒灰后，岂料光生腐草余。

（210）九转九还功若就，定将衰老返长春。

（211）愁见玉琴弹别鹤，又将清泪滴真珠。

在以上语句中，保留宾语前可加动词"作"或"成"，这些语句就直接转化成"作/成" + 结果宾语句式，因而可以归于《现代汉语语法教程》中的句式 14，以表述施事经过某一动作行为，使受事从某一事物变作了另一事物的情形。

（二）用动词"似""出"连接保留宾语

（212）子蒙将此曲，吟似独眠人。

（213）谁将织女机头练，贴出青山碧云面。

这两个例句与"作/成" + 结果宾语句式类似，均用动词补语连接结果宾语，只是不用"作"或"成"，而是用"似""出"。因使用不同的介词连接动词与结果补语基本上不改变介词结构的语义，上述例句也可归于《现代汉语语法教程》中的句式 14。

（三）其他保留宾语

（214）一载已成千岁药，谁人将袖染尘寰。

（215）那得更将头上发，学他年少插茱萸。

（216）不将真性染埃尘，为有烟霞伴此身。

（217）团回六曲抱膏兰，将鬟镜上掷金蝉。

（218）半将花漠漠，全共草萋萋。

（219）每向暑天来往见，疑将仙子隔房栊。

（220）珍重彩衣归正好，莫将闲事系升沈。

（221）祗于触目须防病，不拟将心更养愁。

　　在例句（214）至（217）中，"将"后面的宾语是动词短语所描述的施使性及物行为发生的处所，如"染尘寰"是"染"在"袖"上，"插茱萸"是"插"在"头上发"。

　　这种句式的动词短语代表了施使性行为，如例句（214）中的施使性行为就是"染尘寰"，例句（215）中的施使性行为就是"插茱萸"。与此同时，它们也描述了受成性效果，如例句（214）中，由于"染"的行为，"袖"上"染"了"尘寰"；例句（215）中，由于"插"的行为，"头上发""插"了"茱萸"。

　　例句（218）至（221）是保留宾语跟动词结合成一个熟语的一般情形，熟语"隔房栊""养愁"等既描述施使性行为，也描述了受事的受成性变化。

十、"将"+N$_{受1}$+比+N$_{受2}$（"将"字句中的比较句）

（222）莫将辽海雪，来比后庭中。

（223）谁道重迁是旧班，自将霄汉比乡关。

（224）闻说天台有遗爱，人将琪树比甘棠。

（225）若将书画比休公，只恐当时浪生死。

（226）莫将凡圣比云泥，椿菌之年本不齐。

（227）秦人鸡犬桃花里，将比通塘渠见羞。

　　以上为"将"字句中的比较句，例句（222）至（224）与《现代汉语语法教程》中的句式 15 类似，例句（225）至（227）与句式 16 类似。例句（227）"将"后省略的名词应为"渠"，应是"将（渠）比通塘渠见羞"。因句式中的"将"可为"拿"或"用"取代，这种"将"字句的比较句似乎应归于工具式，但《现代汉语语法教程》把此类句式归类于处置式，为了进行比较，我们也将这类句式归类于"将"前置处置式。在《全唐诗》中，这类句式的例句有 28 个。

第三节　"将"前置处置式的标记、形成机制等

根据本章前面的例句统计与句式划分，现代处置式"把"字句的前身——《全唐诗》中的"将"前置处置式，在语句数量上已形成规模，在表现形式上已经全面成熟。《全唐诗》中已有"将"前置处置式例句 349 个，例句所包含的各种句式涵盖了《现代汉语语法教程》中统计的现代"把"字句处置式 18 个句式中的 14 个（《现代汉语语法教程》中另 2 个句式属于致使式，为《全唐诗》中的致使式"将"字句所覆盖），没有涵盖的句式为句式 2 "动词重动形式"、句式 5 "动量补语"、句式 6 "时段补语"与句式 7 "状态补语"，但《全唐诗》中还有《现代汉语语法教程》中没有收集的"受成义及物行为补语"句式以及保留宾语句式中的若干分句式。

下面，我们将对《全唐诗》中"将"前置处置式的语义、标记、结构等进行分析。

一、《全唐诗》中的"将"前置处置式的语义

《全唐诗》中的"将"前置处置式的语义与致使式"将"字句类似，为"将"在《诗经》等先秦文献中广义的使役义，因而，"将"前置处置式归于使役义句式。

不过，《全唐诗》中的"将"前置处置式，尤其是两大类句型中的使役义动词短语，以处置式语义为主。在《全唐诗》中，"将"前置处置式中使役义动词短语的例句有 222 个，占"将"前置处置式例句总数的 63%；其语义为处置义的例句有 209 个，占这类句型例句总数的 94%。

"将"前置处置式的另一大类型为单动词句型，此类句型的例句 127 个，占"将"前置处置式例句总数的 37%；其语义为处置义的例句有 86 个，占这类句型例句总数的 68%。

总的来说，"将"前置处置式中处置义例句有 295 个，占其总例句的 85%。

就"将"前置处置式与致使式"将"字句的比较而言，虽然语义同为广义的使役义，"将"前置处置式以处置式语义为主，而致使式"将"字句的例句中处置义与非处置义大致持平，处置义例句占总数的 48%，这是"将"前置处置式与致使式"将"字句在语义分布上的区别。

我们需要特别指出的是，在语义上，《全唐诗》中的"将"前置式处置式与隋唐前的"将"连谓使役式没有继承关系。

我们在第四章中的研究表明，从汉朝至隋唐前的《史记》《汉书》《世说新语》中，"将"连谓使役式的基本语义为狭义的使役义，即在施事的作用下，受事随施事在空间路径上移动。但《全唐诗》中的"将"前置式处置式基本上没有狭义的使役义例句。

受成义动词短语为趋向动词短语的句式是"将"连谓使役式的一种主要类型（参见第四章）。可是，《全唐诗》中"将"前置处置式的例句中，仅有1例处于可归于或不可归于带趋向补语句式之间。

另外，带处所补语或处所宾语的"将"前置处置式例句中，当受事在空间移动时，施事不与受事一起移动，如本章例句（73）的施事（埋宝的人）不会把自己与受事"千载宝"一起"埋入五原蒿"；又如本章例句（68）的施事（画家）不会与受事"此景"一起被"收拾"而进入图画中；致使式如第五章例句（21）至（28）也具有相同的特点；而在汉朝至隋唐前，带处所宾语的"将"连谓使役式如第四章例句（10）、例句（44）至（46）中，施事与受事总是一起在空间路径上移动。

在"将"前置处置式中，趋向动词可表现空间方向性，如例句（67）至（69），也可表现主观意愿性，如例句（70）至（72）；致使式例句也具有相同的特点，而"将"连动式中的趋向动词只是狭义地代表空间方向性。

我们将在第七章中说明，在隋唐期间，"将"连谓使役式的语义是由"将"后置处置式来继承的。

二、"将"前置处置式的标记

我们把"将"前置处置式、致使式"将"字句与"将"连谓使役式的一般公式表示如下：

公式二　NP$_施$ ＋ "将" ＋ NP$_受$ ＋ VP

其中，NP$_施$为施事；NP$_受$为受事；"将"可以是动词，也可以是虚词；VP可以是单个动词，也可以是动词短语。

"将"前置处置式的标记是VP中必须包含语句的施使义动词，或者说，NP$_受$是VP中的施使义动词的宾语，是VP代表的施使性行为的受事。而致使式"将"字句与"将"连谓使役式的VP中必须包含语句的受成义动词，NP$_受$为施使义动词"将"的受事，与此同时，也是VP代表的受成义行为的施事。

"将"前置处置式受成义的表达方式可以多种多样。

在"将"前置处置式的单动词句型中，可以用使役义动词、带有明显情感色彩的动词，可以通过对施事或受事的修饰等方法，间接地表达语句的使役义的受成义，而采用状语修饰成分来间接表达语句中受事的状态变化，更是常用的并一直延续至今的方式，如本章例句（28）（37）（48）。

（228）我手举钢鞭将你打！（《阿Q正传》）

在例句（228）中，不难想象，高高举起的"钢鞭"狠狠地"打"在天灵盖上，那将会是多么惊心动魄的效果啊！

而在"将"前置处置式的使役义动词短语句型中，可用不同的句式来直接或间接地表达语句的受成义。根据本章的划分，《全唐诗》中的使役义动词短语句型，存在着10种句式来表达语句受事的受成性行为或状态变化。

在"将"前置处置式（现代"把"字句的前身）产生的初期，《全唐诗》中存在着单动词句型例句127个，占全部"将"前置处置式例句的36%。而李翠翠对《全元散曲》中处置式的研究表明，以"把"字句为主的处置式中（"把"字句数量约为"将"字句数量的两倍），VP为单动词句型的例句有929个，VP为使役义动词短语句型的例句有576个，前者为后者的1.6倍。可见，至少在处置式产生的初期，语句中受事的状态变化不一定在VP中直接表现，而可以用其他方式间接地、灵活地表现出来。

由于"将"前置处置式的VP中必须包含语句的施使义动词，因此，在语句表达的使役关系中，"将"前置处置式能够明确表达语句中施事的施使性行为；或者说，"将"前置处置式能够明确表达使役关系中的动因事件。而"将"连谓使役式与致使式"将"字句的VP中必须包含语句的受成义动词。因此，这两种句式更能够明确表达语句中受事的受成性状态变化或行为，或者说，这两种句式更能够明确表达使役关系中的结果事件。

三、"将"前置处置式的结构特点及其来源

根据公式二，"将"前置处置式的结构特点是语句中的施使义动词VP放在其宾语 NP$_受$之后，但语句的基本结构仍然建立在致使式"将"字句结构的基础上。

第五章中论及，在致使式"将"字句中，VP$_受成$为形容词或不及物动词的此类语句可能被人解读为致使式与处置式两可的语句，当人们用单个的施使义动词取代这种类型的语句中的受成义形容词或不及物动词，致使式与处置式两可的"将"字句就转化为单动词句型的"将"前置处置式。例如：

致使式"将"字句：地与喧闻隔，人将物我齐。

"将"前置处置式：列子居郑圃，不将众庶分。

致使式"将"字句：愚者昧邪正，贵将平道行。

"将"前置处置式：莫怪斜相向，还将正自持。

致使式"将"字句：散拙亦自遂，粗将猿鸟同。

"将"前置处置式：岂复民氓料，须将鸟兽驱。

上面三组例句的语句结构从形式上看完全一样，只是致使式"将"字句的 VP 为受成义，"将"前置处置式的 VP 为施使义。三组例句的比较提供了致使式"将"字句向"将"前置处置式转化的一种方式，即"将"前置处置式可以看作，在致使式"将"字句的基础上，用及物动词解析与代表"将"的施使义，并用它取代致使式的受成义不及物动词。

一旦人们接受了把施使义动词从"将"中解析出来取代致使式"将"字句中的受成义动词这种句型转换方式，则此种方式会很快扩充到致使式的 VP 为动词短语的句式。

致使式"将"字句例句：

须信孤云似孤宦，莫将乡思附归艎。

今日会稽王内史，好将宾客醉兰亭。

空将感恩泪，滴尽冒寒衣。

"将"前置处置式例句：

空将感激泪，一自洒临岐。

唯将旧瓶钵，却寄白云中。

唯有绣衣周柱史，独将珠玉挂西台。

致使式"将"字句与"将"前置处置式的例句的 VP 结构完全一样，都是行为动词加处所宾语。但在本章"将"前置处置式例句（74）至（76）中，处所宾语"临岐""白云中""西台"等前面的动词"洒""寄""挂"均为施使义，而第五章致使式例句（25）至（28），处所宾语前的动词"附""醉""滴"均为受成义。

再比较下面两组致使式"将"字句与"将"前置处置式例句。

致使式"将"字句例句：

当时便向乔家见，未敢将心在窈娘。

年少奉亲皆愿达，敢将心事向玄成。

烟蔽棹歌归浦溆，露将花影到衣裳。

蜀国马卿看从猎，肯将闲事入凄凉。

（229）曾失玄珠求象罔，不将双耳负伶伦。

（230）教觅勋臣写图本，长将殿里作屏风。

"将"前置处置式例句：

似将青螺髻，撒在明月中。

如何将此景，收拾向图中。

谁将新濯锦，挂向最长枝。

惟将知命意，潇洒向乾坤。

明月在天将凤管，夜深吹向玉晨君。

能以功成疏宠位，不将心赏负云霞。

欲将张翰秋江雨，画作屏风寄鲍昭。

在本章例句（67）至（72）中，处所补语由表达处所关系的介词词组构成，如"在明月中""向图中""向最长枝"等，这些处所补语前分别有施使义实义动词"撒""收拾""挂"等。而结构类似的致使式"将"字句例句，受成义动词短语为受成义趋向动词加处所宾语，第五章例句（21）至（24）中的"在窈娘""向玄成""到衣裳""入凄凉"，这些处所宾语的前面都没有施使义的实义动词。而本章例句（105）至（107）则可看作在例句（229）至（230）的受成义动词"负"与"作"之前分别添加了施使义动词"赏"与"画"。

上面这些例句的比较，提供了致使式"将"字句向"将"前置处置式转化的另一方式，即"将"前置处置式可以看作在致使式"将"字句的基础上，用施使义动词解析与代表"将"的施使义并把它放在受成义动词之前。如在本章例句（67）至（72）中，把施使义动词放在受成义趋向动词加处所宾语所构成的受成义动词短语之前，由此导致了致使式中的趋向动词加处所宾语转化为介词短语充当的处所补语。

由于"将"前置处置式建立在致使式"将"字句的基础上，而致使式"将"字句的结构为兼语式，因此，"将"前置处置式的结构与兼语式结构有着紧密的关系。人们熟知，许多现代"把"字句不可转换为主动宾语句，其根本原因在于，现代"把"字句的前身"将"前置处置式，不是从主动宾结构，而是致使式"将"字句的兼语式结构转化而来的。

四、"将"在"将"前置处置式中的词性与作用

前面对"将"前置处置式语义、标记、结构的分析表明，"将"前置处置式是在致使式"将"字句基础上发展起来的。但在应用上，"将"前置处置式比致使式"将"字句应用广泛，例句和句式种类更多，表达使役义的构句原

则也不相同。因此,当"将"前置处置式发展起来后,一旦其构句原则为人们所认可,追根溯源,我们可以把"将"前置处置式看作用新的句析法解析并重新表述"将"在《诗经》中作使动用法时的广义的使役义。

构造"将"前置处置式的句析法是,在"将"于《诗经》中作使动用法的语句基础上("将"处于其施事与受事之间),用其他动词解析与代表"将"的使役义中的施使义并将之置放在"将"的宾语之后,而"将"的受成义则用补语结构、状语结构等来描述,由此形成了汉语中特有的一种表达使役关系的句型。

"将"前置处置式的语义与"将"在《诗经》等先秦文献中原有的广义使役词义相同。但根据"将"前置处置式的构句原则,在新的语句结构中,使役义已完全从"将"中解析出来,施使义由施使义动词所代表,受成义主要由施使义动词之前的状语短语或施使义动词之后的补语以及其他语句成分所代表,"将"的词义就完全虚化了。

从"将"的词义虚化的演变过程来看,"将"前置处置式中,"将"的作用既不是提宾,也不是引出受事,而是代表一种抽象的使役关系。而语句中施使义动词与其他语句成分构成的使役义,是"将"所代表的抽象的使役关系的展开与具体化。

我们曾说过,致使式"将"字句是一种典型的表达使役关系的连动句。"将"前置处置式的标记为语句的 VP 中必须有施使义动词,而受成义既可以由动词补语来代表,如本章例句(73)与(105),也可以由其他非动词的语句成分来代表。因此,"将"前置处置式不是典型的连动句。

致使式"将"字句中的"将"也是代表一种抽象的使役关系,但"将"是以抽象的施使义动词来代表使役关系,"将"以致使为词义并与其他受成义动词短语构成具体的使役义。而在"将"前置处置式中,"将"作为虚词代表抽象的使役关系,语句的具体使役义与"将"无关。

"将"的词性在处置式与致使式中的差异,还可以用这样一种方式来区别,即在处置式中,"将"一般不可以用动词来取代,也不可再分解出施使义动词;而致使式在一定情况下却可以。

人们用"致使"来表达"将"在致使式中的词义,主要因为"将"为动词,却又难以用表述具体行为的动词来取代。一方面,是由于"将"的施使义的广义性;另一方面,也是由于人们有意在这种情形下使用这种句式。但在某些语境中,致使式中的"将"也可为表述具体行为的动词所取代(因致使式"将"字句为致使式"把"字句的前身,下面例句中我们也采用了

"把"字句)。如致使式例句"将予就之"(《诗经·访落》),根据《毛传》对诗意的解释和《正义》所引用的王肃的注解,该例句的含义为"将予就继先人之道业"。从语义与结构来看,它都是典型的致使式。但《郑笺》却把"将"注解为"扶将",或者说可以用"扶"取代"将","将予就之"即"扶予就之"。

(231)佛把诸人修底行,校量多少唱看看。(《敦煌变文集新书》)

该例句中,可以用动词"校"替代"把",这样一来,"把"抽象的"致使"义就变得明确与具体起来,但语句的使役语义大致保持不变。

第五章例句"打紧又被这瞎眼的忘八在路上打个前失,把我跌了下来,跌得腰胯生疼"(《儒林外史》)。可以把句中"跌"的前面加个"掀"字,再去掉"跌"后面的"了",变成"打紧又被这瞎眼的忘八在路上打个前失,把我'掀'跌下来,跌得腰胯生疼"。使役语义不变,但致使式变成了处置式,"把"字虚化了。

再看现代白话文的例句:

(232a)他把犯人跑了。

句中的"把"可以用动词"放"来取代,"把"字句就转化成了兼语型使成式:

(232b)他放犯人跑了。①

不妨再比较一下处置式,如:

(232c)他把犯人放跑了。

处置式例句(232c)中的"把"或"将"就不能为其他动词所取代。

上述例句表明,致使式的"将"在一定情况下或者可以为表述具体行为的动词所取代,或者可以分解出施使义动词;而处置式的"将"却不能。这从另一角度说明,致使式中的"将"与处置式中的"将"不是同一词素,"将"在致使式中为动词,在处置式中为虚词。

五、从《诗经》中"将"的使动用法到《全唐诗》中"将"前置处置式

从"将"在先秦时期的《诗经》中作使动用法到"将"前置处置式在隋

---

① 需要指出的是,当不同类型的使役语句在相互转换时,虽然语句的使役义本质上保持不变,但具体的使役语义会发生或多或少的变化,如第五章致使句例句(44)的使役义中由"把"代表抽象的致使,而处置式由"掀"表达具体的致使行为。例句(232a)中,"把"具有"致使"的多种可能性,可能不小心,也可能有意;而例句(232b)中,"放"是有意的致使行为。

唐期间的《全唐诗》中产生,"将"字句的结构表现出阶段性的发展过程,"将"的词义与词性也存在着从弱化到虚化的变化过程,我们试图简单概括相关发展轨迹,如表6-4所示。

表6-4 "将"字句的变化过程

句式	先秦		汉朝至南北朝	隋唐
	《诗经》	《左传》	《史记》《汉书》《世说新语》	《全唐诗》
广义使役义与使动用法"将"字句	主要词义与用法			全面复活
致使式"将"字句	个别原始例句			发展成型
"将"前置处置式与感知式	个别原始例句			发展成型
"将"后置处置式			南北朝具有狭义使役义诗歌例句	发展成型
简单句(包括狭义的简单"将"字句)		主要词义与用法	主要词义与用法	继续存在
"将"连谓使役式		个别例句	发展成型	继续存在

我们将表6-4罗列的"将"的词义与用法自先秦至隋唐的演变轨迹作一简单说明。

先秦时期,在《诗经》等先秦文献中,"将"作及物动词时主要为使动用法,词义为广义的使役义。

《左传》中,"将"主要作普通及物动词使用,但保留了狭义的使役义动词的用法。

汉朝至隋唐前,在《史记》《汉书》《世说新语》中,产生了"将"连谓使役式。"将"连谓使役式的语义继承了《左传》中"将"的狭义使役词义,语句结构为连谓式与兼语式两可的连动句结构。"将"的动词词义弱化,从使役义弱化为施使义,"将"一般为描述实际行为的动词所取代。

隋唐期间,"将"在《诗经》中的广义使役义与使动用法在《全唐诗》中全面复活。

在《全唐诗》中产生了致使式"将"字句,致使式"将"字句为典型的表述使役关系的连动句,语义继承了《诗经》中"将"的广义使役义,结构继承了"将"连谓使役式,且为纯粹的兼语式,"将"仍为施使义动词,词义为致使。

在《全唐诗》的致使式"将"字句中，动词为形容词或不及物动词的语句可以解读为致使式与处置式两可的句式，"将"既可解读为施使义动词"致使"，也可解读为词义完全虚化了的虚词，从而为致使式"将"字句向"将"前置处置式的过渡创造了条件。

《全唐诗》中的"将"前置处置式是在致使式"将"字句的基础上发展起来的，其语义继承了《诗经》中"将"的广义使役义，语句结构在致使式"将"字句的兼语式结构的基础上产生变异，用施使义动词解析"将"原有的施使义并放置在其宾语之后，导致了"将"的词义的完全虚化。"将"前置处置式是有别于致使式"将"字句的另一种典型的使役句，"将"的功能不是提宾，也不是引出受事，而是代表抽象的使役关系，语句中的动词短语是"将"代表的使役关系的展开和具体化。

《全唐诗》中，"将"后置处置式从南北朝时期的狭义使役义扩展到广义使役义。

本书关于"将"前置处置式形成机制的解释与以往有关处置式的解说的主要区别，可归纳为下面几点：

第一，现代处置式"把"字句的前身"将"前置处置式的语义，来自"将"在《诗经》中作使动用法的广义使役义。而王力定义的处置义是"将"前置处置式的使役义的一部分，"将"前置处置式为汉语中表述使役关系的一种典型句式。

第二，"将"前置处置式与使动用法"将"字句（或者说"将"作使动用法的主动宾语句）有关，因而语句中必然存在着"将"（"将"最终为"把"所取代）。而以往学者所论及的主动宾语句，动词与"将"无关，因而需要借助"将"或"把"，通过"将"或"把"的提宾功能，把主动宾语句转化为"将"字句或"把"字句。我们不妨再举例简单说明一下。

本书论及的使动用法"将"字句，动词为"将"：

福履"将"之。（《诗经·樛木》）

方"将"万舞。（《诗经·简兮》）

以往学者所论及的普通主动宾语句，动词与"将"无关：

福履"大"之。

方"行"万舞。

根据我们的研究，"将"前置处置式是隋唐时期诗人们用句析法的方式（即用包含"将"的处置式结构）重新表达前两个例句所代表的"将"在使动用法"将"字句中的广义使役义所形成的新的"将"字句类型，或者说从使动用法"将"字句到"将"前置处置式，不过是使役义"将"字句表达形式的进化，是使役义"将"字句内部的语句类型的进化，因此，"将"前置处置式中必然包含"将"。而由于例句所代表的使动用法句中不包含"将"或"把"，当它们需要进化为"将"前置处置式或处置式"把"字句时，根据传统的解释，人们必须借助于"将"或"把"的提宾或引出受事的功能来实现句型转化，因而不可避免地需要回答这样的问题——为何偏偏是"将"或"把"，"将"或"把"的语法功能从哪儿来？

第三，致使式"将"字句产生于前，"将"前置处置式产生于后。"将"前置处置式是在致使式"将"字句的基础上发展起来的，其语句结构是在致使式"将"字句的兼语式结构基础上的变异。由此可以解释，为何从主动宾结构到处置式结构的语句变换在很多情形下不能成立。而学界一般认为处置式产生于前，致使式产生于后（王力，1989；蒋绍愚，1999）。

第四，在"将"前置处置式中，"将"与其他各种语法成分的相对位置，是隋唐期间人们用句析法解析并重新表达"将"在《诗经》中作使动用法的使役义而自然生成的结果。在"将"前置处置式中，"将"的功能代表抽象的使役关系，而语句中的动词短语是使役语义的展开与具体化。有的学者认为"将"的功能为提宾（黎锦熙，1924），有的学者认为"将"的功能为引出受事（朱德熙，1982、2001）。

第七章 隋唐"将"后置处置式

在现代"把"字句的前身"将"前置处置式产生的隋唐期间，产生了另一种类型的处置式，即"将"后置处置式。

从语义来看，"将"后置处置式与致使式"将"字句、"将"前置处置式相同，也是继承了"将"的源自《诗经》等先秦文献中的广义使役义。而且，《全唐诗》中的"将"后置处置式还涵盖了"将"连谓使役式的狭义使役义。

我们在第二章探讨了自先秦开始并一直存在的"将"的词义演变的词析法途径，"将"后置处置式本质上就是用扩展了的传统的词析法来解析并重新表现"将"在《诗经》等先秦文献中作使动用法时的词义。[①]显然，就语句使役义的表达而言，"将"后置处置式采用了与"将"前置处置式不同的方式，且具有多种不同的语句结构。

首先提出存在"将"后置处置式的是王力。他说："另有一种'将'字句，'将'字放在动词后面。似乎也是一种处置式。"但他似乎不大确定。在列举了五代之后文献中的"将"后置处置式例句后，王力又说："不过这种'将'字恐怕只能认为是动词词尾，而不是处置式，因为有时候它并不表示处置。"

可是，王力（2000）在《王力古汉语字典》中解释"将"的词义时，列举的处置式例句却是白居易《长恨歌》中的"将"后置处置式诗句（前句为工具式，后句为处置式）。

（1）唯将旧物表深情，钿合金钗寄将去。

其实，与致使式"将"字句、"将"前置处置式类似，"将"后置处置式

---

① 传统的词析法是用包含"将"的复合词来解析并重新表达"将"的原有词义，而在"将"后置处置式中，包含"将"的复合词扩展到包含"将"的使役义词组，但不会改变词析法所依附的语句结构。本书把由中间词缀"将"连接的使役式称为使役义复合词，如"送将归""竟将新"等，把含有"将"的施使义复合词加受成义词组构成的短语称为使役义词组，如"逐将……驰青汉""分将灌药畦"。为了叙说的方便，本书所言词析法中的词组包括复合词，或者，词析法中的复合词包括词组。

的语义是使役义，只是以处置义为主，我们根据习惯把这类例句仍称作处置式。在《全唐诗》中，"将"后置处置式例句共有 190 个，处置义例句有 147 个，处置义例句占"将"后置处置式例句总数的 77%。

在《全唐诗》中，存在着在语义上完全相同、在结构上有区别的应用广泛的两种处置式："将"前置处置式与"将"后置处置式，是理解处置式产生发展的语言演变历史的关键，这一关键之处一直为学术界所忽视。

本章例句主要取自《全唐诗》，故除非引用其他文献中的例句，所引例句将不再加以说明。

第一节　"将"的词义演变的词析法的简要回顾

在第二、第三章中，我们探讨了"将"在《诗经》等先秦文献中需要依文为义的多种词义与词性；而用词性相同、词义明确的词与"将"构成复合词，以解析并重新表达"将"原有的需要依文为义的具体含义，则是在先秦文献中已出现的新的表达方式。例如：

第 1 组　载输尔载，将伯助予。（《诗经·正月》）

"将"：《毛传》注为"请"。

文子将请之于楚。（《国语》）

"将"的词义虚化了。

第 2 组　大叔完聚，缮甲兵，具卒乘，将袭郑。（《左传·隐公元年》）

"将"：欲。

将欲弱之，必先强之。（《老子》）

"将"的词义虚化了。

第 3 组　为犹将多，尔居徒几何？（《诗经·巧言》）

"将"：必将。

天未灭晋，必将有主。（《左传·文公元年》）

"将"成为能愿动词的词缀。

第 4 组　肃肃王命，仲山甫将之。（《诗经·烝民》）

"将"：奉行。

今予以尔有众，奉将天罚。（《尚书·胤征》）

"将"：行。"将"的词义弱化了。

第 5 组　王事靡盬，不遑将父。（《诗经·四牡》）

"将"：养。

是故圣人将养其神。(《淮南子》)

"将"的词义虚化了。

在上面 5 组例句中,前句是"将"作单词使用时在先秦文献中的例句,后句是用复合词来解析并重新表达"将"在前句中的具体含义的同时期或稍后时期文献中的例句。在后一例句中,由于"将"在前句中的具体含义已解析出来并为复合词中的其他词所代表,"将"的词义弱化或虚化了,但语句的语义却更加明确地表现出来。

显然,在后一时期的语句中,当"将"与其他词组成复合词用以解析并重新表述"将"在前期文献中的词义时,只会引起"将"的词义演变,但既不改变前期语句的语义,也不改变前期语句的结构,这种方法称为"将"的词义演变中的词析法。

"将"后置处置式是沿用并扩展了自先秦以来一直存在着的与"将"的词义演变相关的词析法,在前期"将"字句语句结构的基础上,把"将"在《诗经》等先秦文献中作使动用法时的广义使役义以复合词或词组的方式解析并更加明确、具体地表现出来。

第二节　"将"后置处置式的受事位置、语句结构与前期"将"字句的关系

在"将"后置处置式中,受事的使用或省略,受事与施使义动词 V 和"将"之间的位置关系都十分灵活,基本结构如表 7-1 所示。

表 7-1　"将"后置处置式基本结构

种类	数量	占比（%）
受事省略	90	47%
受事在"V+ 将"之前	43	23%
受事夹在 V 与"将"之间	5	3%
受事在"V+ 将"之后	52	27%
总数	190	100%

表 7-1 显示,相比"将"前置处置式而言,在"将"后置处置式语句中,受事与 V 和"将"之间的位置关系要复杂得多,"将"前置处置式的基本结构只有一种,即受事必须在"将"之后以及施使义动词之前。

　　形成这种语言现象的原因在于,"将" 后置处置式对 "将" 的使役义的重新表述,采用的是词析法,因而反映了词析法的两个特点:

　　第一,词析法必须建立在已有语句结构的基础上。"将" 后置处置式就是建立在前期的 "将" 字句结构的基础上,包括先秦时期《诗经》中 "将" 作使动用法的主动宾结构、动宾机构、受事主语结构;还包括汉朝至南北朝的《史记》《世说新语》中的 "将" 连谓使役式,以及《全唐诗》中的致使式 "将" 字句所共有的连动句结构。

　　第二,词析法形成的新语句可以改变语句中的词义,如 "将" 的词义在 "将" 后置处置式中发生了演变,但 "将" 的词义演变,只是在原有语句结构中的弱化与虚化,既不会改变语句的语义,也不会改变语句中语法成分的次序关系,因此,不会改变语句的基本结构。

　　由于 "将" 后置处置式是把施使义动词放在 "将" 前,把受成义短语放在其依附的原 "将" 字句语句结构的相应位置,受事与 "将"、施使义动词(V)之间的相对位置则十分灵活,可省略,可在 "V+ 将" 之前,可在 V 与 "将" 之间,也可在 "V+ 将" 之后。因此,"将" 后置处置式,既不显示 "提宾",也不显示 "引出受事","将" 可看作施使义或使役义复合词的词缀。这是 "将" 后置处置式与 "将" 前置处置式的不同之处。

　　各种语句结构在 "将" 后置处置式中的分布如表 7-2 所示。

表 7-2　各种语句结构在 "将" 后置处置式中的分布

种类	数量	占比（%）
主动宾句	23	12%
动宾句	18	9%
受事主语句	81	43%
连动句	68	36%
总数	190	100%

　　下面,我们讨论 "将" 后置处置式中的不同语句结构与前期 "将" 字句的语句结构之间的联系,并附带讨论受事与施使义动词（V）和 "将" 之间的不同位置关系。

一、"将" 后置处置式中的主动宾语句

《全唐诗》的 "将" 后置处置式中,主动宾语句共有 23 例。

（2）村中女儿争摘将,插刺头鬓相夸张。

（3）汗涣丝纶出丹禁，便从天上凤衔将。

（4）眉黛夺将萱草色，红裙妒杀石榴花。

（5a）白鸟带将林外雪，绿荷枯尽渚中莲。

在上面的例句中，施使义动词在"将"之前，这也是"将"后置处置式的各种语句结构的共同特点。另外，在"将"后置处置式的主动宾语句中，受事处在施使义动词与"将"构成的动补结构之后。例句（2）与（3）中没有受事，是由于诗歌形式对句子字数的限制，在主动宾语句中去掉了受事后转化而来的。

下面是《诗经》中"将"作使动用法的主动宾例句（参见第二章）：

之子于归，百两将之。（《诗·鹊巢》）

乐之君子，福履将之。（《诗·樛木》）

例句（2）至（5）中，"将"前有施使义动词，但"将"后没有补语，因此，"将"保有受成义，"将"的词义弱化了，但没有虚化，"将"与前面的动词构成描述使役关系的动补结构，我们称之为"将"使成式。在后面我们还将详细讨论"将"在"将"使成式中的词义与词性。

比较例句（2）至（5）与第二章例句（17）（36），相对于使动用法的第二章两个例句中的"将"而言，"将"在"将"使成式例句（2）至（5）中的词义弱化了，但与第二章例句的语句结构完全一样，语句结构没有发生变化。

在《全唐诗》的"将"后置处置式的主动宾句中，"将"的使役义都是由"将"使成式表达的，"将"保留受成义动词含义，如例句（2）至（5），不存在"将"的词义完全虚化了的"将"后置处置式主动宾语句。例如：

*（5b）白鸟带将业林外雪。（*表示不合适）

二、"将"后置处置式中的动宾语句

《全唐诗》的"将"后置处置式中，动宾语句共有18例。

（6）是我有钱日，恒为汝贷将。

（7）宣使近臣传赐本，书家院里遍抄将。

（8a）收将白雪丽，夺尽碧云妍。

（9）羞杀登墙女，饶将解佩人。

下面是《诗经》中"将"作使动用法的动宾例句（参见第二章）：

之子于归，远于将之。（《诗经·燕燕》）

无将大车。（《诗经·无将大车》）

简兮简兮，方将万舞。(《诗经·简兮》)

《全唐诗》中"将"后置处置式的动宾句与主动宾句类似，如：受事在施使义动词与"将"构成的使成式动补结构之后，如例句（8）（9）；且存在着受事省略的语句，如例句（6）（7）；语句的使役义由"将"使成式表示，"将"保持受成义，词义弱化了，没有虚化；比较例句（6）至（9）与第二章3个例句，《全唐诗》的"将"后置处置式的动宾句来源于《诗经》中"将"作使动用法的动宾句，且结构保持不变；最后，《全唐诗》中同样不存在"将"的词义完全虚化了的"将"后置处置式动宾句。例如：

*（8b）收将尽白雪丽。(*表示不合适)

在"将"后置处置式动宾句中，"将"使成式可用状语修饰，如例句（6）（与第二章使动用法的例句（16）类似），但因为"将"使成式为不可分离的复合词，其前面的状语一般只能看作修饰整个复合词，而不只是修饰施使义动词，因而不能取代"将"的受成义，这是"将"后置处置式与"将"前置处置式的不同之处。

三、"将"后置处置式中的受事主语句

《全唐诗》的"将"后置处置式中，受事主语句共有81例。如：

（10）可怜濯濯春杨柳，攀折将来就纤手。

（11）匣里残妆粉，留将与后人。

（12）以前虽被愁将去，向后须教醉领来。

（13）回鹘数年收洛阳，洛阳士女皆驱将。

（14）句好慵将出，囊空却不忙。

（15）官历行将尽，村醪强自倾。

（16）芳菲时节看将度，寂寞无人还独语。

（17）何处邀将归画府，数茎红蓼一渔船。

（18）明明我祖万邦君，典则贻将示子孙。

（19）清俸探将还酒债，黄金旋得起书楼。

（20）闲地占将真可惜，幽窗分得始为明。

（21）凉州陷来四十年，河陇侵将七千里。

在《诗经》中，在"将"作使动用法的诗句中也有数例受事主语句，如第二章例句：

尔肴既将。(《诗经·既醉》)

何人不将？经营四方。(《诗经·何草不黄》)

例句（10）至（12）为省略了受事的受事主语句转化而来，例句（12）为被动句，因数量少，也归之于受事主语句。

"将"后置处置式的受事主语句，可以看作在《诗经》中"将"作使动用法的受事主语句的基础上，沿用自先秦以来一直存在的与"将"的词义演变相关的词析法，即用施使义动词放在"将"前、受成义短语放在"将"后这么一种词析法，把语句的使役义更加明确地表达出来。

《全唐诗》中"将"后置处置式受事主语句的使役义动词短语，相当于《诗经》中使动用法的受事主语句的使役义动词"将"，相对于使动用法语句而言，由于"将"原有的使役义被使役义短语所代表，"将"在"将"后置处置式中的词义虚化了，但"将"后置处置式例句的基本结构与使动用法例句的基本结构相同。

由以上例句显示，"将"后置处置式受事主语句的受成义可以用各种不同结构的短语表达出来。由于受事主语句的受成义短语放在语句的后面，不像主动宾语句那样受到宾语的制约，因此受成义短语结构与连动句的受成义短语或现代处置式"把"字句的受成义短语结构完全一样，这也许是为何相对主动宾句而言，现代"把"字句与受事主语句联系更加紧密的原因（朱德熙，1982、2001）。而且，由于受事在作谓语的使役义短语结构之前，"将"后置处置式受事主语句中也有"将"使成式，如例句（13）。

四、"将"后置处置式的连动句

"将"已虚化的"将"后置处置式的连动句结构语句，最早出现在南北朝的《后汉书》中，也大量出现在《全唐诗》中。

《全唐诗》的"将"后置处置式的连动句共有68例。如：

（22）家在玉京朝紫微，主人临水送将归。

（23）家僮若失钓鱼竿，定是猿猴把将去。

（24）阆苑驾将雕羽去，洞天赢得绿毛生。

（25）逐将白日驰青汉，衔得流星入画门。

（26）野牛行傍浇花井，本主分将灌药畦。

（27）凝精互相洗，漪涟竟将新。

（28）试向东林问禅伯，遣将心地学琉璃。

（29）把将娇小女，嫁与冶游儿。

例句（22）至（29）都是连动句结构，其中例句（22）（23）（26）（27）是通过在"将"与受成义动词之间去掉受事，从连动结构转化而来。从语义来看，例句（22）至（25）可归于"将"连谓使役式的狭义使役义，语句结构属于兼语式与连谓式两可的结构；而例句（26）至（29）属于致使式的广义使役义，语句结构属于兼语式。

下面是与上述例句相关的前期"将"字句例句。

"将"连谓使役式：

第四章例（41）与王太后弟樛乐将二千人往，入越境。（《史记·南越列传》）

（30）尽将其众渡河。（《史记·卫将军骠骑列传》）

致使式"将"字句：

（31）不似香山白居士，晚将心地著禅魔。

（32）那堪将凤女，还以嫁乌孙。

分别比较例句（24）与第四章例句（41）、例句（25）与（30）、例句（28）与（31）、例句（29）与（32）。第四章例句（41）与例句（30）为"将"连谓使役式，例（31）与（32）为致使式"将"字句。在"将"连谓使役式与致使式"将"字句中，"将"为施使义动词；而"将"后置处置式例句（24）（25）（28）（29）中，"将"前有施使义动词，"将"的词义完全虚化了，但4对语句的结构仍然完全相同，都是连动句结构，且带有结构相同的受成义动词短语，如例句（24）与第四章例句（41）的受成义动词短语均为趋向动词短语句式，例句（25）与（30）均为及物动词短语句式，例句（28）与（31）、例句（29）与（32）都是及物动词短语的句式。

在探讨"将"前置处置式的"趋向补语"与"处所补语"句式时，我们提出，《全唐诗》的"将"前置处置式中没有可确定为其语义与"将"连谓使役式相同的例句，而"将"后置处置式例句（22）至（25）的语义均与"将"连谓使役式的语义相同，即在施事的作用下，受事随同施事在空间路径上一起移动。

我们知道，在现代汉语中已不存在"将"后置处置式，人们用与"将"前置处置式结构相同的"把"字句来表达"将"连谓使役式的语义，那么，为何在隋唐期间，人们用"将"后置处置式而不是用"将"前置处置式来表达"将"连谓使役式的语义？

一方面，可能是习惯的作用，因为南北朝的《后汉书》中已经存在用"将"后置处置式来表达"将"连谓使役式语义的例句（摘自王力《王力古汉语字典》）。例如：

（33）遂携将家属逃入深山。（《后汉书·蔡邕传》）

这是典型的"将"后置处置式中的趋向动词加处所宾语的句式。

《艺文类聚》收集的南北朝的诗歌中也有 7 个狭义使役义的"将"后置处置式例句，如第八章的三个例句：

昔人深诚叹，临水送将离。（《艺文类聚》）

憭栗兮若在远行，登山临水送将归。（《艺文类聚》）

梳头新罢照着衣，还从妆处取将归。（《艺文类聚》）

在《敦煌变文集新书》中也有此类语义的语句。如：

（34）佛即当时集僧众，与拽将来入寺中。（《敦煌变文集新书》）

另一方面，"将"连谓使役式描述的是一段空间距离的行为与效果，因此，可以把这段空间距离看作一个由始至终的全过程，并分为开端、中间与终点三个阶段，每个阶段的行为与效果可能不同。"将"后置处置式可以非常自然地按照前后关系或先后次序来表述这样的语义。其具体做法是，把开端以及贯穿整个过程的施使义动词放在"将"之前，而把终点的施使义动词放在"将"之后。例句（24）（25）（33）（34）中"将"前的动词都是代表贯穿整个过程的施使性行为，而下面例子则有所不同。

（35a）利刀截割将来吃，养者凡夫恶业身。（《敦煌变文集新书》）

例句（35a）中，"截割"是语句描述的某一过程开端的施使性行为，"将"可以看作词义虚化了，因"将"后有动词"来"，用以表达施事与受事在过程中的移动趋向，而"吃"则代表过程终点的施使性行为。

如果用"将"前置处置式来表达例句（35a）的语义，则例句（35a）的前半句转化为：

（35b）利刀将（之）截割来吃。

例句（35b）也是现代处置式"把"字句的结构。人们似乎需要经过相当长的时期才能接受用"将"前置处置式或现代处置式"把"字句来表述"将"连谓使役式的语义。在隋唐五代文献中，我们没有发现用"将"前置处置式（包括"把"字句）来表达"将"连谓使役式语义的例句。

五、受事在 V$_{施}$与"将"之间

《全唐诗》的"将"后置型处置式中，受事在 V$_{施}$与"将"之间的语句较少，仅有 5 个例句，如：

（36）且须看雀儿，雀儿衔尔将。

（37）五花马，千金裘，呼儿将山换美酒，与尔同销万古愁。

（38）何事最堪悲色相，折花将与老僧看。

上面几个例句中，当受事放在 V_施与"将"之间，似乎在强调"将"的词义没有虚化，仍具有某种把受事从某一点移至另一点的动词含义，如例句（36）"将"为"飞去"，例句（37）"将"为"使（之）"，例句（38）"将"为"拿来"。不过，这些语句中的受事似乎又都可放置在"V_施＋'将'"之后，因此，例句中受事的放置恐怕更多的是服从诗歌对押韵或对仗的需要，可以看作受事在"V_施＋'将'"之后这种类型的特例，例句（36）为主动宾句的变异，例句（37）与（38）为连动句的变异。

第三节 "将"后置处置式语句的分类

"将"后置处置式中，施事的施使性动作的表述相对简单，施使性动作由及物动词代表且放置在"将"之前，但受事的行为与状态变化的表达方式却多种多样，本节根据语句中描述受事的行为与状态变化的结构特点，对"将"后置处置式进行分类，并将我们的分类与丁崇明教授在《现代汉语语法教程》中对现代"把"字句的句式划分进行比较。

"将"后置处置式可以分为两大类，一为"将"作补语的"将"使成式，二为受成义短语句式，在《全唐诗》中的分布如表 7-3 所示。

表 7-3 "将"后置处置式在《全唐诗》中的分布

种类	数量	占比（%）
"将"使成式（"将"作补语的句式）	52	27.37%
受成义短语句式	138	72.63%
总数	190	100%

在《全唐诗》的"将"后置处置式中，受成义短语句式的分布概况如表 7-4 所示。

从表 7-4 可以看出，《全唐诗》中"将"后置处置式具有多种类型的受成义短语句式。因受成义短语描述的是语句中受事的受成性行为与状态变化，受成义短语句式的多样化存在表现出"将"后置处置式的广义使役义。同时也充分说明，在《全唐诗》中确确实实存在着与现代处置式"把"字句的前身，即"将"前置处置式不同的另一种语句类型的处置式——"将"后置处置式。

表 7-4　受成义短语句式在《全唐诗》中的分布

种类	数量	占比（%）
趋向补语	39	28.26%
受成义不及物行为补语	15	10.87%
形容词表示的结果补语	26	18.84%
处所补语或动词补语 + 处所宾语	17	12.32%
可与双宾句变换关系的句式	10	7.25%
受成义及物行为短语	14	10.15%
作/成 + 结果宾语	2	1.45%
连谓短语	12	8.70%
范围补语	1	0.72%
外部效果补语	1	0.72%
联合短语受事	1	0.72%
总数	138	100%

一、"将"作为补语代词的"将"使成式

（39）地图龟负出，天诰凤衔将。

（40）道书虫食尽，酒律客偷将。

（41）占将南国貌，恼杀别家人。

（42）节屋折将松上影，印龛移锁月中声。

（43）走却坐禅客，移将不动尊。

（44）腊内送将三折股，岁阴分与五铢钱。

在上面的例句中，"衔将""偷将""占将""折将""移将""送将"是其他及物动词与"将"构成的一种特殊的使成式，我们称作"将"使成式。在"将"使成式中，"将"前面的动词代表施使性动作，而"将"作为补语代词，代表施使性动作所达到的受成性效果。相对于使役义动词而言，在"将"使成式中，因为施使义由其他动词代表，"将"的词义弱化了，但"将"仍保留受成义，"将"的词义没有完全虚化，仍为动词。

学术界大多认同"将"后置语句中的"将"为词义已经虚化了的动词词尾或动词词缀（祝敏彻，1957；王力，1989）。就"将"使成式而言，祝敏彻认为，"只是因为诗句押韵或其他原因才把'来''去'省掉了"。但《全唐诗》中，"将"使成式例句有 52 个之多，其中有 27 个例句的语义为狭义的使役义，"将"使成式后面可能连接或省略"来""去"等趋向动词，但是，另 25 个"将"

使成式例句的使役语义具有广义性,"将"使成式后不宜连接趋向动词,如例句(41)(42)等。再者,隋唐五代文的俗文学与《敦煌变文集新书》中都有"将"使成式例句,省略受成义动词(包括趋向动词)似无必要。

如第八章的例句(138)至(140):

尔来未十稔,续为节行将,晖乃穷儒,复脱身虎口,挈一囊而至。(《唐摭言》)

必须魏元忠头,何不以锯截将,无为抑我承反。(《大唐新语》)

久之,王女与堪去,留将从二百余人。(《广异记》)

隋唐五代文的俗文学中共有 34 个"将"后置处置式例句,其中没有一个"将"后置处置式例句是主动宾句或动宾句。由此说明,汉语的表达习惯,不管是诗歌体还是散文体,不容许"将"的词义完全虚化了的使役义复合词(如"衔将去""吞将尽"等)存于主动宾句或动宾句中。因此,一般而言,使成式的"将"后省掉了受成义部分(如趋向动词),是不能成立的。

本书认为,"将"在"将"使成式中为动词有以下几条理由:

第一,就"将"使成式的来源而言,"将"使成式必然是使役义。我们前面的探讨表明,"将"后置"将"字句来源于具有使役义的前期"将"字句,"将"后置处置式是用词析法解析并重新表达"将"在前期"将"字句中的使役义,因此,"将"后置处置式必然具有使役义。在"将"使成式例句中,"将"与其前面的动词构成复合词来表达语句语义,因"将"前动词具有施使义,而全句没有其他补语,故"将"必具有使役义中的受成义,即"将"为前动词的受成义补语。

第二,"将"在诗句中起到的对仗功能也表现出"将"为具有受成义的补语。在例句(39)至(44)中,"将"使成式"衔将""偷将""占将""折将""移将""送将"在联句中与普通使成式"负出""食尽""恼杀""移锁""走却""分与"进行了完美对仗。由此可见,"将"使成式中的"将"与普通使成式中的补语具有相同词性,而不是"将"的受成义解析出来并省略后的虚词。

"将"使成式与普通使成式的区别是,普通使成式中受成性效果由动词或形容词作为补语直接表达,如"出""尽""杀"等,而"将"使成式中的"将"为补语代词,其含义仍需依文为义,如"衔将"的"将"可为来,"偷将"的"将"可为光,"移将"的"将"可为开等。由此可见,在上述例句中,"将"为保留了受成性行为的动词或受成性状态变化的形容词。因为在动补结构中,形容词实际上起到的是动词的作用(梅祖麟,1991;薛凤生,1987),"将"

在"将"使成式中的词性为动词。

第三，从"将"使成式例句的语义或"将"使成式例句与语义相关的其他例句的比较来看，"将"在"将"使成式中必为补语动词。

《全唐诗》里最能直接表明"将"在"将"使成式中为动词的诗句是：

（45）谷鸟衔将却趁来，野风吹去还寻得。

"衔将"的含义就是"衔去"，"将"只可能是具有"去"或类似含义的动词，不然，诗句是解释不通的。如果"衔将"不是"衔去"，那么"却趁来"又怎么能够说得通呢？

我们还可以比较下面两个诗句：

（46）金镞有苔人拾得，芦花无主鸟衔将。

（47）可怜黄雀衔将去，从此庄周梦不成。

例句（46）中的"鸟衔将"与（47）中"黄雀衔将去"的含义完全相同，（46）中"将"的含义即（47）中的"将去"，故"将"使成式例句（46）中的"将"是动词。例（46）是"将"使成式，而（47）是我们下面要讨论的带趋向补语的"将"后置型处置式。当我们把"将"使成式中"将"所包含的受成义由趋向动词来代表，并将之置于"将"之后，"将"使成式例（46）就变成了带趋向补语的"将"后置使成式（47），显然，例（47）中"将"的动词词义完全虚化了。

从"将"的词性没有完全虚化的角度来看，"将"使成式归于处置式有些勉强，但我们仍把"将"使成式放在"将"后置处置式中来讨论，一方面，因为学术界不曾注意到这两种句式的区别；另一方面，"将"后置处置式可以看作"将"的词义在"将"使成式基础上进一步虚化的结果。

二、V+"将"+趋向补语

（48）借问往年龙见日，几多风雨送将来。

（49）江童持网捕将去，手携入市生卖之。

（50）嵇向林庐接，携手行将归。

（51）波上风雨歇，舟人叫将去。

（52）谁收春色将归去，慢绿妖红半不存。

（53）桃脸蛾眉笑出门，争向前头拥将去。

（54）鸡犬驱将去，烟霞拟不还。

（55）送将欢笑去，收得寂寥同。

（56）为爱红芳满砌阶，教人扇上画将来。

　　另外，还有本章例句（12）与（14）。

　　上面例句谓语部分的结构特点是：动词+"将"连接作为趋向补语的趋向动词，如来、去、归、出等。这种句式可以用于语句中的受事发生了空间位移的两种情形，一是"将"连谓使役式表述的施事与受事共同移动的情形，即在施事的作用下，施事与受事一起向空间某个方向移动，如上面例句（48）至（53）；二是受事单独空间移动的情形，即在施事的作用下，仅仅受事向空间某个方向移动，而施事并不与受事一起移动，如例句（54）（55）等。但这种句式并不局限于使用在语句中受事发生了空间位移的情形，因为趋向动词来、去、出等也可表示主观倾向，表示某种目的性，如例句（56）中的"来"与例句（14）中的"出"表示的是语句中的受事发生了某种合目的性的变化，如画家在扇子上画出花草风景来或诗人在慵懒闲散中产生出美好的诗歌灵感，而例句（12）却恰恰相反。

　　在上面例句中，多数施使义动词代表的是典型的有目的性的处置行为，但例句（48）中的动词代表的是自然现象中的自然动力，例句（12）代表的是违反主观意愿的行为，两个例句中的动词只是代表使语句中的受事发生状态变化的动因，而不是处置行为。

　　"将"的使役义中施使性动词含义由"将"前面的动词代表，而"将"的受成性动词含义由"将"后面的趋向补语代表，在这个意义上，"将"的词义被虚化了。

　　但是，在"将"后置处置式中，"将"处于施使性动词与代表受成性变化结果的补语之间，起到了连接语句中的受事发生状态变化的动因与结果的作用，"将"似乎在一定程度上保留了致使的含义。从现代汉语的角度来看，在大多数语句中"将"可省略，但在另一些语句中，如例句（12）（14），去掉"将"后，语句就不通顺了。

　　这种句式与《现代汉语语法教程》中的句式 4 类似，在《全唐诗》中有39 个例句。

三、V+"将"+ 行为补语

（57）春闱携就处，军幕载将行。

（58）漾舟雪浪映花颜，徐福携将竟不还。

（59）无端斗草输邻女，更被拈将玉步摇。

（60）和亲悲远嫁，忍爱泣将离。

（61）芳菲时节看将度，寂寞无人还独语。

（62）弟子抄将歌遍叠，宫人分散舞衣裳。

这种句式的结构特点是，动词+"将"后连接作为行为补语的不及物动词，如例句中的行、还、摇、离、度、叠。与《现代汉语语法教程》中的句式7类似。在《现代汉语语法教程》中，句式7的补语称作状态补语。

这一句式主要适用的情形有，在人的行为动作的作用下，或在自然力的作用下，某人发生了某种行为或某物发生了某种动态变化，而人的行为或物的动态变化可用不及物动词来描述。

例句（57）至（59）中，"将"前面的施使性动作行为是受事的受成性行为的动因，不过，这一句式也可以表达两种行为的某种关联性，如在例句（60）（61）中，"将"前面的动作行为与"将"后面的动作行为只有某种情感上或时间上共同发生的关联性。

这种句式的例句在《全唐诗》中有 15 个。

四、V+"将"+ 结果补语

这种句式的结构特点是，V+"将"后连接作为结果补语的形容词或短语。例如：

（63）烟里棹将远，渡头人未归。

（64）日轮埋欲侧，坤轴压将颓。

（65）流年怕老看将老，百计求安未得安。

（66）银箭听将尽，铜壶滴更新。

（67）四邻池馆吞将尽，尚自堆金为买花。

（68）抟将盛事更无余，还向桥边看旧书。

（69）扬眉斗目恶精神，捏合将来恰似真。

（70）百年三万六千朝，夜里分将强半日。

（71）僻寺居将遍，权门到绝因。

（72）谱从陶室偷将妙，曲向秦楼写得成。

（73）汉地行将远，胡关逐望新。

这一句式主要用于这样的情形，在人的行为或自然力的作用下，给某人或某物带来了某种状态的变化，而这种变化可用形容词或短语来描述。不过，与行为补语句类似，该句式也可描述具有共时性的人的行为与事物的状态变化之间的关系，如例句（65）（66）中的看与老、听与尽，就不是施使义与受成义的关系，而只是借用"将"前置处置式的语句结构来描述某一行为与某一现象变化之间的共时性联系。

例句（71）与赵元任开列的不属于处置式的例句"他把这里的学校都上遍了"类似，语句中的动词"居"所代表的居住动作，并不能改变语句中的受事"僻寺"的状态，但将"僻寺"居遍了，会增加居住者的体验，因此，此一语句可归于感知式。

在《全唐诗》中，结果补语句式的例句有 26 个。这一句式与《现代汉语语法教程》中的句式 3 和句式 10 类似（句式 3 与句式 10 的区别是，前者不带助词"给"，后者带）。

五、V＋"将"＋处所补语（或 V补＋处所宾语）

这种句式的结构特点是：动词+"将"连接处所补语或（V补+处所宾语）。例如：

（74）背将踪迹向京师，出在先春入后时。

（75）预恐浮山归有日，载将云室十洲东。

（76）君王昨日移仙仗，玉辇迎将入汉宫。

（77）三足之乌足恐断，羲和送将安所归。

（78）携将入苏岭，不就无出缘。

（79）伤心最是江头月，莫把书将上庾楼。

（80）春风吹送廊庑间，秋社驱将嵌孔里。

（81）看来看去心不忘，攀折将安镜台上。

其中，例句（74）（75）的处所补语不带动词，与《现代汉语语法教程》中的句式 8 类似；例句（76）至（79）以短语为趋向动词+处所宾语；例句（80）（81）为及物动词+处所宾语；例句（76）至（81）可以归类于《现代汉语语法教程》中的句式 9。

"将"后置处置式的处所补语（或动词补语+处所宾语）句式用于这样的情形，在施事（人或物）的作用下，受事（人或物）在空间移动到某一处所。在例句（75）至（79）中，施事与受事在空间一起移动，具有"将"连谓使役式的语义含义。我们曾说过，"将"前置处置式的处所补语（或动词补语+处所宾语）句式中没有这样语义的例句。例句（74）（81）（82）是受事在施事作用下单独移动的例句，语义与"将"前置处置式与致使式的处所补语（或动词补语+处所宾语）句式相同。只是在"将"后置处置式中，施使义动词放在"将"之前，并以此与另外两种语句相互区别。

在《全唐诗》中，这类句式的例句有 17 个。

六、V$_{施1}$+"将"+NP$_{受1}$+（介词"与"或动词 V$_{施2}$）+NP$_{受2}$

这种句式的结构特点是，动词 V$_{施1}$+"将"连接直接宾语，然后用介词"与"或动词 V$_{施2}$连接间接宾语。这一句式与《现代汉语语法教程》中的句式 11 "与双宾句有变换关系"类似。例如：

（82）分将赐群后，遇象见清心。

（83）画出欺王墨，擎将献惠连。

（84）丞相功高厌武名，牵将战马寄儒生。

（85）常思和尚当时语，衣钵留将与此人。

（86）诛剥垒千金，留将与妻子。

另外，本章例句（29）（38）。

在《全唐诗》中，此类句式的例句有 10 个。

七、V+"将"+及物行为补语

这种句式的结构特点是，动词+"将"连接作为及物行为补语的受成义及物动词短语。例如：

（87）无事把将缠皓腕，为君池上折芙蓉。

（88）可怜濯濯春杨柳，攀折将来就纤手。

（89）清俸探将还酒债，黄金旋得起书楼。

（90）京师故人不可见，寄将两眼看飞燕。

（91）应有水仙潜出听，翻将唱作步虚词。

另外，本章例句（25）（26）（28）。

在以上例句中，及物行为补语中的动词短语"缠皓腕""就纤手""还酒债""看飞燕""步虚词""驰青汉""灌药畦""学琉璃"代表的都是受成性行为。就例句（88）来说，"杨柳"是"将"前的施使性行为"攀折"的受事，也是"将"后的及物动词短语"就纤手"所描述的受成性行为的施事，其他例句都可如此类推。

在《全唐诗》中，受成义及物动词短语作补语的例句有 14 个。

在《现代汉语语法教程》中没有这类例句，吕叔湘在《把字用法的研究》中将"把"字句划分为十三个格局，这些格局中也没有收集可以归于受成义及物行为补语句式的例句。不过，在现代口语中还是存在着受成义及物行为补语句式的 "把" 字句。例如：

把酒喝了暖一暖身体。

把土墙拆了肥田。

八、V施 + "将" + NP受1 + 作 + NP受2

这种句式的结构特点是，动词+ "将" 连接 NP受1 后加 "作" 连接结果宾语 NP受2。结果宾语可以是名词，如例句（92）；也可以是形容词，如例句（93）。

（92）携将贮作丘中费，犹免饥寒得数年。

（93）倒提新缣成慊慊，翻将故剑作平平。

在以上例句中，结果宾语表达句中的施使性动作所实现的目的或达到的效果，语句中的 "作" 与现代汉语中的 "成/为" 相同，故此句式可归类于《现代汉语语法教程》中的句式 14。在《全唐诗》中，仅有上面 2 个这类例句。

九、V施 + "将" + 连谓短语

这种句式的结构特点是，动词+ "将" 连接施使性动词或动词短语。也就是说，"将" 前面的动词与 "将" 后面的动词或动词短语，描述的都是施使性动作，因此，这类句式主要是描述连续施使性动作的多动词的连谓结构（但可能带动补结构）。例如：

（94）有兴多新作，携将大府夸。

（95）买将病鹤劳心养，移得闲花用意栽。

（96）望阙遥拜舞，分庭备将迎。

（97）昔时长著照容色，今夜潜将听消息。

（98）晴日偷将睡，秋山乞与诗。

另外，还有本章例句（37）（45）。

在上面的连谓结构例句中，第一个动作的效果，可能用补语来表示，如例句（37）的趋向动词补语 "出"，例句（94）的处所补语 "大府"；可能用 "将" 使成式表示，如例句（45）的 "衔将"；也可能隐含在连谓结构中，如例句（95）至（98）。

在《全唐诗》中，这种例句有 12 个，与《现代汉语语法教程》句式 20 的例句 3 类似。

十、V＋"将"＋其他补语

在《全唐诗》中还有少数例句，在动词+"将"后所连接的补语不能归于上述的几大类。例如：

（99）凉州陷来四十年，河陇侵将七千里。

（100）捧将束帛山僮喜，传示银钩邑客惊。

（101）明日驾回承雨露，齐将万岁及春风

在例句（99）中，"七千里"表达的是"河陇"被侵犯的范围，似乎可称为"范围补语"，可以与《现代汉语语法教程》中的句式6"时段补语"相比较。在例句（100）中，补语中的主语"山僮"既不是主句的施事，也不是受事，因此，"山僮喜"可以看作"将"前动词"捧"的外部效果补语。例句（101）中的"万岁及春风"为受事联合短语，动词"齐"为使役义动词，即用动作的效果表达动作本身，语句的补语结构与《现代汉语语法教程》中的句式19类似。

第四节　"将"后置处置式与"将"前置处置式的简要比较

"将"前置处置式与"将"后置处置式是隋唐时期产生的语义相近、类型不同的两种处置式。我们从语句语义、语句结构、"将"的词义以及应用范围四个方面来说明"将"前置处置式与"将"后置处置式的相同与相异之处。

一、"将"前置处置式与"将"后置处置式的语义

"将"前置处置式与"将"后置处置式的语句语义均继承了"将"在《诗经》与其他先秦文献中作使动用法时的广义使役词义。所谓使役义，即在人的行为或事物的自然力的作用下，使他人或他物发生某种行为或状态变化。

"将"前置处置式与"将"后置处置式分别采用句析法与词析法，解析并重新表达"将"在《诗经》与其他先秦文献中作使动用法的广义使役义，把"将"作使动用法的单词式使役句（lexical causative）转变成"将"前置处置式与"将"后置处置式两大不同类型的解析式使役句（analytic causative constriction），把需要依文为义的"将"的原始使役义更加明确具体地表现出来，增强了语句的表现力，扩展了语义的表达范围。

就"将"而言，句析法与词析法都不会改变前后语句的基本语义，但会导致"将"的词义的弱化或虚化；而且，句析法会形成新的语句结构，词析法不会形成新的语句结构。

二、"将"前置处置式与"将"后置处置式的结构

"将"前置处置式语句结构是在致使式"将"字句的连动结构上演变而来的，其演变方法有两种，一是在致使式"将"字句的"将"与受成义动词短语构成的连动句基础上，用及物动词解析和代表"将"的施使义，用此施使义动词取代致使式"将"字句的受成义动词；二是在致使式"将"字句连动结构的基础上，用及物动词解析和代表"将"的施使义，把施使义动词放在致使式"将"字句的受成义动词短语之前。

不过，致使式"将"字句的实际使用范围有限，且由于"将"的致使词义的抽象性，致使式"将"字句不一定能够转化为处置式，可一旦"将"前置处置式结构已形成，就会为人们所接受。由于致使式"将"字句的连动句结构本就建立在"将"在先秦文献中作使动用法的主动宾语句的基础上，根据致使式"将"字句转换为"将"前置处置式所表现的构句原则，追根溯源，"将"前置处置式又可以看作在《诗经》中"将"作使动用法的主动宾"将"字句的基础上，用句析法解析并代表"将"的全部使役义，或者把施使义动词放在"将"的宾语之后（"将"的宾语也是施使义动词的宾语），施使义动词与前面的状语等语句成分构成使役义，或者把施使义动词与受成义语法成分构成的使役义动词短语放在"将"的宾语之后，由此形成了新的"将"前置处置式的语句结构。

"将"前置处置式的结构标记是，语句的使役义中的施使义动词处于"将"的宾语，也是其自身的宾语之后。

"将"后置处置式是用词析法来重新表述"将"在《诗经》与其他先秦文献中作使动用法时所具有的广义使役义。

由于词析法必须建立在前期语句结构的基础上，"将"后置处置式建立在其前期的"将"字句结构的基础上，包括先秦时期《诗经》等文献中"将"作使动用法的主动宾句、动宾句、受事主语句，以及汉朝至南北朝的《史记》《汉书》《世说新语》中的"将"连谓使役式与隋唐期间的《全唐诗》中的致使式所共有的连动句。因词析法不会改变前期语句的结构，"将"后置处置式具有上述各种语句结构。

"将"后置处置式的结构标记是，把施使义动词放在"将"前，把受成义动词短语放在"将"后，或放在"将"后的连动结构中动词所处的相应位置。

三、"将"在"将"前置处置式与"将"后置处置式中的词义与词性

由于"将"在先秦文献中所具有的使役义都已解析出来，所以"将"在"将"前置处置式与"将"后置处置式中都已经虚化，但在功能上仍存在着区别。

在"将"前置处置式中，"将"处于语句的施事与受事之间，语句的施使义动词处于其宾语受事之后。"将"的语法功能在于，通过连接使役者与被使役者，抽象地代表了语句的使役关系，而施使义动词与语句中其他成分的组合所表达的使役语义，则是"将"的抽象含义的具体化和展开。

从"将"前置处置式的形成过程来看，"将"不宜解释为具有提宾或引出受事的语法功能，语句中各种成分的相对位置是由特殊的句析法解析与重新表述"将"作使动用法时的使役义所形成的。

在"将"后置处置式中，"将"处于施使义动词与受成义语法成分之间，"将"或与其前后的施使义动词以及受成义动词构成使役义复合词，或先与其前的施使义动词构成施使义复合词，然后与其后的受成义语法成分构成使役义连动结构。因此，"将"或是使役义复合词的动词词缀，或是施使义复合词的动词词缀。

由于"将"后置处置式具有各种语句结构，受事可在施使义动词与"将"的前面、中间、后面三个不同位置，"将"不可能具有提宾或引出受事的语法功能。

但"将"后置处置式中，"将"的词义与词性有以下两点例外：

第一，在主动宾句或动宾结构中，因"将"代表受成义，与其前面的施使义动词构成"将"使成式，"将"的词义弱化了，但没有虚化。

第二，当代表受事的宾语放在表达施使性行为的动词与"将"之间，"将"似乎仍保留了某种动词含义。

四、"将"前置处置式与"将"后置处置式的应用范围

我们根据补语特点把"将"前置处置式与"将"后置处置式的例句划分为不同的句式，比较它们在各种句式中的应用，如表7-5所示。

表 7-5　"将"前置处置式与"将"后置处置式的应用范围

受成义短语类型	"将"后置处置式	占比（%）	"将"前置处置式	占比（%）	《现代汉语语法教程》中"把"字句句式
单动词句型或"将"使成式	52	27.37%	127	36.39%	句式 1
趋向补语	39	20.53%	1	0.29%	句式 4
受成义不及物行为补语	15	7.89%	0	0	句式 7
形容词表示的结果补语	26	13.68%	7	2.01%	句式 3、10
处所补语或动词补语+处所宾语	17	8.95%	53	15.18%	句式 8、9
与双宾句有变换关系的句式	10	5.26%	87	24.93%	句式 11、12
受成性及物行为补语	14	7.37%	2	0.57%	无
作/成+结果宾语	2	1.05%	12	3.44%	句式 14
连谓短语	12	6.31%	12	3.44%	句式 20
谓语中心词为称作、看作	0	0	3	0.86%	句式 13
保留宾语	0	0	17	4.87%	部分为句式 14
范围补语	1	0.53%	0	0	无
外部效果补语	1	0.53%	0	0	无
联合短语受事	1	0.53%	0	0	句式 19
相比句	0	0	28	8.02%	句式 15、16
总数	190	100%	349	100%	

注：在《全唐诗》中，"将"后置处置式例句数为190，"将"前置处置式例句数为349。

　　我们先要说明的是，《全唐诗》中的"将"字句与《现代汉语语法教程》中的现代"把"字句类别相同，但在归类的句式细分或表述上是有所区别的，以及《全唐诗》中没有但《现代汉语语法教程》中有的几类句式：

　　第一类，《全唐诗》中存在着相同句式，但我们对句式的划分与《现代汉语语法教程》不同。《现代汉语语法教程》中的致使式"把"字句的句式 17 与句式 18，《全唐诗》中有大量致使式例句（详见第五章），只是本书把致使式另外归类，从"将"前置处置式与"将"后置处置式中划分出去了。

　　第二类，《全唐诗》中存在着类似句式，但表达方式有所不同。在《全唐诗》中的"将"前置处置式或"将"后置处置式中存在着《现代汉语语法教程》中的句式 1、7、10、11，但表述方式有所不同。《全唐诗》中的这类句式受到诗歌形式的限制，而《现代汉语语法教程》中的类似句式带有现代口语的特点。

《现代汉语语法教程》中的句式 1 是谓语主体为一个动词，而且，要么动词后面带"了"或"着"，要么动词前加有状语。

在《全唐诗》"将"前置处置式与"将"后置处置式中，有大量的谓语主体为一个动词的语句，如"将"前置处置式中的单动词句型，"将"后置处置式中的"将"使成式，只是这些"将"字句的动词后面都不带"了"或"着"。《现代汉语语法教程》中句式 1 带"了"或"着"，实际上是通过表述行为已经完成或正在进行来间接表达行为的结果，而"将"前置处置式中的这类句式的行为结果或者直接体现在动词中，或用状语等方式间接地表现出来，而"将"后置处置式中的"将"使成式的行为结果由"将"代表。

《现代汉语语法教程》中的句式 7 被称为加结构助词"得"的状态补语句式，本书称作受成义不及物行为补语句式；句式 10 是带"给"的形容词表示的结果补语句式；句式 11 是带"给"的与双宾句有变换关系的句式。

在《全唐诗》中有与《现代汉语语法教程》句式 7、10、11 类似的"将"前置处置式与"将"后置处置式的多个例句，只是这些例句都不带有口语化的结构助词"得"或"给"。

第三类，"把"字句中几种间接表达行为效果的句式，如《现代汉语语法教程》中的句式 2、5、6。

句式 2：动词重动形式构成的"把"字句，如：你把你的看法说一说。

句式 5：动量补语"把"字句，如：他爸爸把他狠狠地打了一顿。

句式 6：时段补语"把"字句，如：我们把会议延长了半天。

《全唐诗》中的"将"前置处置式与"将"后置处置式中没有《现代汉语语法教程》中句式 2、5、6 的例句。

总的来说，表 7-5 显示，《全唐诗》中"将"前置处置式与"将"后置处置式已经具有大部分现代"把"字句的主要句式，而且例句众多。由此说明在《全唐诗》中确实存在着语义相同、结构相异、应用广泛、表达方式成熟的两种不同的处置式。就"将"后置处置式与"将"前置处置式的比较而言，在数量上"将"前置处置式要多于"将"后置处置式。"将"前置处置式总共有例句 349 个，"将"后置处置式有 190 个。

就使用分布而言，"将"后置处置式在使用上的分布更加均匀，如果不包括"将"使成式，其使用率（分类例句数占例句总数的比率）5%以上的句式有趋向补语句式、受成义不及物行为补语句式、形容词表示的结果补语句式、处所补语或（动词补语+处所宾语）句式、与双宾句有变换关系的句式、受成义及物行为补语句式及连谓补语句式 7 种；而"将"前置处置式中，如果不包括单动词句型，使用率接近与超过 5%以上的只有处所补语或（动词补语+处所宾语）句式、与双宾句有变换关系的句式、保留宾语句式、相比句 4 种句式。

在《全唐诗》中，"将"后置处置式的应用范围要大于"将"前置处置式。我们在讨论两种处置式的趋向补语句式与处所补语（动词补语+处所宾语）句式时指出，在涵盖致使式中表述受事移动的语义之外，"将"后置处置式例句也包括了"将"连谓使役式的狭义使役义，即在施事的作用下，施事与受事一起在空间路径上移动，而"将"前置处置式则不包括这类语义的例句。"将"前置处置式只是涵盖了致使式中表述受事移动的语义，即在施事的作用下，受事单独在空间路径上移动，施事不与受事一起移动。我们在之前也明确指出，"将"前置处置式与"将"后置处置式在此一语义上的区别，说明"将"前置处置式与"将"连谓使役式没有继承关系，而"将"连谓使役式的语义是由"将"后置处置式来继承的。这对于我们理解现代把字句的前身——"将"前置处置式的来源具有重要意义。本章"将"后置处置式的例句有（23）（25）（50）（78）（79）。

不过，有些句式的例句只是"将"前置处置式有，而"将"后置处置式没有，比较下列三组例句：

（102）欲将琼树比，不共玉人同。

（103）若将林下比，应只欠泉声。

第六章的例句：

（222）莫将辽海雪，来比后庭中。

（224）闻说天台有遗爱，人将琪树比甘棠。

（226）莫将凡圣比云泥，椿菌之年本不齐。

（227）秦人鸡犬桃花里，将比通塘渠见羞。

再者，"将"前置处置式保留宾语句式中的某些例句也不能转化为"将"后置处置式，如第六章例句（214）（215）（216）（217）。

第六章中的"将"前置处置式保留宾语例句均不能转化为"将"后置处置式，因为"将"的宾语是动词短语所描述的施使性及物行为发生的处所，保留宾语与"将"的宾语不同，因而施使义动词加保留宾语不能如"将"后置处置式那样，放在"将"之前。

第五节 "将"后置处置式的主要特点

我们把"将"后置处置式的主要特点概括如下：

第一，"将"后置处置式建立在前期各种"将"字句结构的基础上，包括《诗经》等先秦文献中"将"作使动用法的主动宾句、动宾句、受事主语句，汉朝至南北朝的《史记》《汉书》《世说新语》中的"将"连谓使役式的兼语式与连谓式两可的语句，以及隋唐期间《全唐诗》中的致使式"将"字句的兼语句。

第二，"将"后置处置式用词析法来解析并重新表达其前期"将"字句的语义，具体来说，是用含有"将"的词组来解析"将"原有的使役义，并把施使义动词放在"将"之前，把受成义短语成分放在其依附的语句结构的相应位置。因"将"在使役义词组中处于施使义动词之后，这样的"将"字句处置式被称作"将"后置处置式。

第三，"将"后置处置式采用词析法，不会改变其依附的前期"将"字句的使役语义，但会导致"将"的词义弱化或虚化；与此同时，能把"将"在其前期语句中的使役义更加明确、更加具体地表现出来。

第四，"将"后置处置式采用的词析法不会改变其依附的前期"将"字句的语句结构，在"将"后置处置式的各种语句结构中，受事在语句中的位置灵活（若不加说明，本章中的受事指的是施使义动词的宾语代表的受事），并取决于其在"将"后置处置式所依附的前期"将"字句中的相应位置。

第五，在"将"后置处置式的多种语句结构中，由于在含有"将"的词组中，施使义动词在"将"之前，而受事可处于词组的前面、后面、中间或语句中的任何位置，因此，"将"的语法功能，既不可能提宾，也不可能引出受事，而只是成为施使义或使役义复合词的词缀。

第六，"将"后置处置式的标记是，在含有"将"的施使义或使役义词组中，必须有施使义动词来解析并代表"将"原有的施使义。

第七，在《全唐诗》中，根据受成义短语的特点划分的"将"后置处置式的句式，与"将"前置处置式类似，包括了现代"把"字句的主要句式。由于"将"连谓使役式的语义包括在"将"后置处置式中，但不包括在"将"前置处置式中，在隋唐期间，"将"后置处置式的应用范围比"将"前置处置式的应用范围更加广泛。

第八章 "将"的《诗经》词义在《全唐诗》中的复活与"将"字句的扩散

前几章我们探讨了《全唐诗》中三大新型"将"字句的产生与发展，我们提出致使式"将"字句、"将"前置处置式与"将"后置处置式的产生是建立在《诗经》等先秦文献中"将"的广义使役义在《全唐诗》中全面复活的前提和基础上。

本章的研究将表明，《诗经》中"将"的广义使役义在《全唐诗》中的全面复活不是一个理论假设，而是在《全唐诗》中确确实实涌现出来的语言现象。

以《诗经》等先秦文献中"将"的词义与用法为基础，在《全唐诗》中，"将"在更宽泛的词义、更广大的范围、更灵活的句式内，也作为形容词、不及物动词、使役义动词（使动用法动词）使用，例句共有 261 个，如表 8-1 所示。

表 8-1 在《全唐诗》中"将"字用法数量比

种类	数量	占比（%）
形容词	4	1.53%
不及物动词	34	13.03%
使役义及物动词与其他动词	223	85.44%
总数	261	100%

我们将根据词义与用法，把"将"在《诗经》和其他先秦文献中的例句与在《全唐诗》中的例句进行排列对照，以佐证上面提出的相关论点。

除非另加说明例句出处，本章例句取自《全唐诗》。

在本章，若"将"在《诗经》中的例句没有附加解释，可查阅第二章的相关内容。

第一节 "将"作为不及物动词、形容词使用

在《全唐诗》中，"将"作形容词、不及物动词使用的诗句共有 38 例，主要以"行"及其引申义作不及物动词使用的有 34 个例句。

一、"将"的词义为"行"

（一）人与物在空间路径上的行走、移动等

第二章例句（2）子之昌兮，俟我乎堂兮，悔予不将兮。（《诗经·丰》）

（1）应难将世路，便得称师心。

（2）四骓将戒道，十乘启先行。

（3）羞将憔悴日，提笼逢故夫。

（4）必谢金台去，还携铁锡将。

（5）生女有所归，鸡狗亦得将。

（6）舟将水动千寻日，幕共林横两岸烟。

（二）时间的流动

第二章例句（3）圣人共手，时几将矣。（《荀子·赋》）

（7）地远二千里，时将四十秋。

（8）斯须旷千里，婉娩将十年。

（三）人的日常生活行为

第二章例句（5）日就月将，学有辑熙于光明。（《诗经·敬之》）

（9）一似小儿学，日就复月将。

（四）事件的进行引申为风俗的流行

第二章例句（6）殷士肤敏，裸将于京。（《诗经·文王》）

（10）巴俗将千溠，潚湖凡几湾。

二、"将"的词义为"大"或"美"

第二章例句（15）顾予烝尝，汤孙之将。（《诗经·那》）

（11）将德之者不位，位者不逮其德耶。

（12）将幕连山起，人家向水重。（"将"：大）

第三章例句（26）以假以享，我受命溥将。（《诗经·烈祖》）

（13）天子享孝，工歌溥将。

第二章例句（12）乃立应门，应门将将。（《诗经·绵》）

（14）中原犹将将，何日重卿卿。

第二章例句（7）我将我享，维羊维牛，维天其右之。（《诗经·我将》，"将" 或注 "美大"，或注 "奉养"）

（15）我将我享，尽明而诚。

第二节　"将" 的使动用法与广义的使役义

一、"将" 的词义为狭义的使役义

在这一节中，"将" 的词义为狭义的使役义，即在施事的作用下，施事与受事在空间上一起发生了一段距离的位移，这也是《左传》《史记》《世说新语》中的 "将" 连谓使役式的语义。

（一）送行

第二章例句（16）远于将之。（《诗经·燕燕》）

第二章例句（17）之子于归，百两将之。（《诗经·鹊巢》）

（16）一朝结发从君子，将妾迢迢东鲁陲。

（17）云浮将越客，岁晚共淹留。

（18）寂寂罢将迎，门无车马声。

（二）推进、驭行、载行

第二章例句（18）无将大车。（《诗经·无将大车》）

（19）明日城东看杏花，叮咛童子蚤将车。

（20）且就洞庭赊月色，将船买酒白云边。

（21）汉时征百粤，杨仆将楼船。

（22）澹地鲜风将绮思，飘花散蕊媚青天。

（23）野云将雨渡微月，沙鸟带声飞远天。

（三）携行、率行

第二章例句（19）何人不将？经营四方。（《诗经·何草不黄》）

第三章例句（2）楚子使道朔将巴克以聘于邓。（《左传·桓公九年》）

第四章例句（7）郭氏于是盛威仪，多将侍婢。（《世说新语》）

（24）一听暗来将伴侣，不烦鸣唤斗雄雌。

（25）能将疏懒背时人，不厌孤萍任此身。

（26）唯将一童子，又欲上天台。

（27）授人鸿宝内，将犬白云间。

（28）老牛还舐犊，凡鸟亦将雏。

（四）传达

第二章例句（20）请还贽于"将"命者。（《仪礼·士相见礼》）

第二章例句（21）束帛加书将命。（《仪礼·聘礼记》）

（29）将命提雕笼，直到金台前。

（30）将命宁知远，归心讵可传。

（31）暂屈汾阳驾，聊飞燕将书。

（32）谁能将我语，问尔骨肉间。

（33）通海便应将国信，到家犹自著朝衣。

（35）凭仗鲤鱼将远信，雁回时节到扬州。

（五）持、携带、采去等

第二章例句（22）无几何，将甲者进，辞曰。（《庄子·秋水》）

（36）徒将白羽扇，调妾木兰花。

（37）唯将一星火，何处宿芦洲。

（38）山有桂兮桂有芳，心思君兮君不将。

（39）无限酬恩心未展，又将孤剑别从公。

二、"将"的词义为受事在行为过程或终点单独移动

第二章例句（23）吹笙鼓簧，承筐是将。（《诗经·鹿鸣》）

第二章例句（24）若有将食者，则俟君之食，然后食。（《仪礼·士相见礼》）

第二章例句（25）及将币之日，执书以诏王。（《周礼·春宫·大史》）

第二章例句（26）以时将瓒果。（《周礼·春宫·大史》）

（40）空将旧时意，长望凤凰楼。

（41）今将独夜意，偏知对影栖。

（42）芳躅将遗爱，可为终古传。

（43）故将天下宝，万里与光辉。（"将"：奉上）

（44）歌舞将金帛，汪洋被远黎。（"将"：赠送）

（45）雨露将天泽，文章播国风。（"将"：送来）

三、"将" 的词义为人的公职或私人行为

第二章例句（27）肃肃王命，仲山甫将之。（《诗经·烝民》）

第二章例句（28）安之者必将道也。（《荀子·王霸》）

第二章例句（29）君教出，行有律，吏谨将之无铍滑。（《荀子·成相》）

（46）君为柱下史，将命出东周。

（47）真子今将命，苍生福可传。

（48）向卿将命寸心赤，青山落日江潮白。

（49）未知将雅道，何处谢知音。

（50）常思将道者，高论地炉傍。

（51）誓将历劫愿，无以外物牵。（"将"：履行）

四、"将" 的词义为做事与处理事物

（一）　行事

第二章例句（30）某既得将事矣。（《仪礼·士昏礼》）

第二章例句（31）多将熇熇，不可救药。（《诗经·板》）

（52）问我将何事，湍波历几重。

（53）四年将故事，两地有全功。

（54）只将两条事，空却汉潜夫。

（二）处理事务：分齐。引申义：改变事物的性质

第二章例句（33）或肆或将。（《诗经·楚茨》）

"将"：分齐。齐是肉食分类后的状态。"将" 作使动用法，改变的是诗句中被省略的受事 "肉" 的外部形状；但在《全唐诗》中，"将" 引申为改变 "肉体" 的本质。

（55）高人炼丹砂，未念将朽骨。"将朽骨" 的含义为：改变朽骨使之成为神仙体质。

（三）吃、享用，以及与个人生活有关的衣着打扮

第二章例句（34）尔淆既将。（《诗经·既醉》）

第二章例句（35）尔肴既将，莫怨具庆。（《诗经·楚茨》）

"将" 在这两个例句中的词义与第二章例句（33）类似，可注解为把肉馐

按尊卑秩序分类排列,以赏赐给臣仆宾客食用,故"尔肴既将,莫怨具庆"的大意为:人们把美味佳肴饱吃了一顿,就都放下了心中芥蒂,共同来庆祝。《全唐诗》中把"将"的这一含义引申为"吃""享用",并推及与个人生活有关的衣着打扮。

引申 1:食用。

(56)无将故人酒,不及古淳风。

(57)冠倾慵移簪,杯干将铺糟。

(58)安将蒯及菅,谁慕粱与膏。

"蒯及菅":蒯草和菅草,与下句的精美食物"粱"与"膏"相对比。

引申 2:穿衣。

(59)天涯将野服,阙下见乡亲。

(60)还乡将制服,从此表亨通。

(61)舍利众生得,袈裟弟子将。

引申 3:装饰

(62)一车白土将泥项,十幅红旗补破裈。("将":把泥脖子涂满)

(63)蛾眉新画觉婵娟,斗走将花阿母边。("将":戴)

(64)生事曾无长,惟将白接䍦。("将":戴。"白接篱":以白鹭羽为饰的帽子)

五、"将"的词义为"大""养"

(一)"大"引申为美、冠等

第二章例句(36)乐之君子,福履将之。(《诗经·樛木》)

在《全唐诗》中没有"将"以词义"大"作使动用法的例句,但"大"可引申为"美""冠""统率"等。

(65)还将文字如颜色,暂下蒲车为鲁公。("将":美)

(66)笔力将群吏,人情在致唐。("将":冠)

(67)吾唐革其弊,取士将科县。("将":冠)

(68)张尹将眉学,班姬取扇俦。("将":精通。"眉学":面相学)

(69)谁言摈朋老,犹自将心学。("将":统率、驾驭)

（二）养

第二章例句（39）王事靡盬，不遑将父。（《诗经·四牡》）

第二章例句（40）国步蔑资，天不我将。（《诗经·桑柔》）

（70）饭稻以终日，羹莼将永年。

（71）以闲为自在，将寿补蹉跎。

（72）官俸将生计，虽贫岂敢嫌。

（73）不将恩爱子，更种悲忧根。

（74）官拂象筵终日待，私将鸡黍几人期。

六、"将"的其他词义

在《诗经》与其他先秦文献中，"将"在"求""请""欲"等词义上作动词使用，这些词义与用法也在《全唐诗》中复活了。

（一）求

第二章例句（43）将仲子兮，无逾我里，无折我树杞。《诗经·将仲子》

（75）问君少年日，苦学将干禄。

（76）将名将利已无缘，深隐清溪拟学仙。

（二）请

第二章例句（44）将子无怒，秋以为期。《诗经·氓》

第二章例句（45）将叔无狃，戒其伤女。《诗经·大叔于田》

第二章例句（46）载输尔载，将伯助予。《诗经·正月》

（77）中岁尚微道，始知将谷神。

（78）一年耕种长苦辛，田熟家家将赛神。

（三）"欲"

第二章例句（47）逝将去女，适彼乐土。（《诗经·硕鼠》）

第二章例句（48）大叔完聚，缮甲兵，具卒乘，将袭郑。（《左传·隐公元年》）

第二章例句（49）将饮河而不足也，将走大泽，未至，死于此。（《山海经》）

（79）莫笑旅人终日醉，吾将大醉与禅通。

（80）唯将澹若水，长揖古人风。

（四）"随""顺""傍"

第二章例句（4）居岐之阳，在渭之将。（《诗经·皇矣》）

第二章例句（8）备物以将形。（《庄子·庚桑楚》）

（81）嫁与棹船郎，空床将影宿。

（82）经山复历水，百恨将千虑。

（83）青山将绿水，惆怅不胜情。

（84）空将旧泉石，长与梦相亲。

（85）朱阑将粉堞，江水映悠悠。

（86）影随明月团纨扇，声将流水杂鸣弦。

第三节 《全唐诗》新型"将"字句向隋唐五代文的扩散

隋唐五代时期，在散文体中也出现了与《全唐诗》类似的新型"将"字句，如致使式"将"字句、"将"前置处置式、"将"后置处置式等。本节把隋唐五代文分为俗文学、史书以及《敦煌变文集新书》，从语句类型、数量规模、句式类别、表达方式等角度，说明隋唐五代文中出现的新型"将"字句是从《全唐诗》中逐渐扩散而来的。

一、隋唐五代俗文学中新型"将"字句的来源

本书所言隋唐五代俗文学指的是，隋唐五代的散文作品中除去史书，如《隋书》《旧唐书》等，以及《敦煌变文集新书》剩下的部分。《全唐诗》的新型"将"字句向隋唐五代俗文学的渗透与扩散表现在以下几个方面：

第一，隋唐五代俗文学的散文中没有真正意义上的致使式，也没有可以解读为致使式与处置式两可的语句。

在隋唐俗文学中，只有引用的 4 个诗句中有致使式"将"字句，其中 2 句来自《全唐诗》，另 2 句转录如下：

（87）任将三寸辉天地，一句临机试道看。（《临济语录》）

（88）隔坐应须赐御屏，尽将仙翰入高冥。（《唐摭言》）

另外，保存了唐代以前诗文歌赋等文学作品的《艺文类聚》中也有 2 个致使式"将"字句。例如：

（89）不意恩情歇，偏将衰草同。（《艺文类聚》）

（90）要言将谁苦，聊以贻友生。（《艺文类聚》）

不过，在隋唐俗文学中，有7个"将"为动词的双宾句，与致使式"将"字句类似，可以看作"将"前置处置式中与双宾句有交换关系的句式的前身。例如：

（91）举家叹恨，竟将女与李子为冥婚。（《广异记》）

（92）师曰："谁将生死与汝？"（《祖堂集》）

（93）善知识不将佛菩提法与人，亦不为人安心。（《神会语录》）

在《全唐诗》中，致使式"将"字句是连接"将"在先秦文献中的广义使役义、隋唐前的"将"连谓使役式与"将"前置处置式的过渡语句。隋唐俗文学中缺乏词义广泛的致使式"将"字句，说明"将"前置处置式不可能在隋唐五代俗文学中独立产生和发展起来，而只是从《全唐诗》向隋唐五代俗文学渗透与扩散；而且，这种渗透与扩散，应发生在"将"前置处置式在《全唐诗》中取代了致使式"将"字句的地位之后。"将"前置处置式在语义上与致使式"将"字句类似，但表达能力更强。因此，"将"前置处置式出现后，在两者之间，人们就更多地选择处置式，而不是致使式。于是，在隋唐五代俗文学中出现了有一定数量的"将"前置处置式例句，但缺乏致使式"将"字句的语言现象。

第二，"将"前置处置式在隋唐五代俗文学中的例句总数，以及绝大部分句式的例句数，都远少于《全唐诗》。隋唐五代俗文学与《全唐诗》中，"将"前置处置式各种句式的例句数量比较，如表8-2、表8-3所示。[①]

表8-2 "将"前置处置式的句型与总数比较

句式	隋唐五代俗文学	占比（%）	《全唐诗》	占比（%）
VP为单动词句型	19	18.27%	228	50.67%
VP为使役义短语的句型	85	81.73%	222	49.33%
"将"前置处置式（总数）	104	100%	450	100%

注：Verb Phrase，动词短语，简称VP。

---

① 在《全唐诗》的单动词句型"将"前置处置式中包含了处置式与致使式两可的例句。

表 8-3 VP 为使役义短语句型的各种句式比较

句式	隋唐五代俗文学	占比（%）	全唐诗	占比（%）
趋向补语	0	0	1	0.45%
形容词表示的结果补语	4	4.71%	7	3.15%
处所补语或动词补语+处所宾语	8	9.41%	53	23.87%
可与双宾句变换关系的句式	34	40.00%	87	39.19%
受成义及物行为补语	0	0	2	0.90%
作/成 + 结果宾语	3	3.53%	12	5.41%
连谓短语	3	3.53%	12	5.41%
谓语中心语动词为称作、看作等	25	29.41%	3	1.35%
保留宾语	5	5.88%	17	7.66%
相比句	2	2.35%	28	12.61%
动量补语	1	1.18%	0	0
总数	85	100%	222	100%

　　与《全唐诗》相比，隋唐五代俗文学中，"将"前置处置式的例句总数比两大句型的例句数都要少得多。VP 为单动词句型的例句数为 19，占《全唐诗》的相应例句数目的 8.33%，VP 为使役义短语句型的例句数为 85，占《全唐诗》的相应例句的 38.29%，总例句数为 104，占《全唐诗》的相应例句总数的 23.11%。在隋唐五代俗文学中，《祖堂集》中的"将"前置处置式的例句数为 41 个，考虑到《祖堂集》成书于五代时期的 945 年，《祖堂集》成书时期的语言不大可能影响《全唐诗》。如果剔除《祖堂集》中的例句，隋唐五代俗文学中的"将"前置处置式的例句只有 64 个，仅占《全唐诗》的相应例句总数的 14.22%。

　　从表 8-3 来看，隋唐五代俗文学中的"将"前置处置式，除了谓语中心语动词为称作、看作式的例句数，其他各种句式的例句数，都远远少于《全唐诗》的相应句式的例句数。

　　从句式数目来看，隋唐五代俗文学中的"将"前置处置式，没有"趋向补语"与"受成义及物行为补语"的句式，但比《全唐诗》多了一个"动量补语"的句式。

　　总的看来，"将"前置处置式在隋唐五代俗文学中的例句总数，以及绝大部分句式的例句数，都远少于《全唐诗》。可见"将"前置处置式在隋唐五代俗文学中应用并不广泛，"将"前置处置式的多种句式不可能在俗文学体裁中形成，而更可能是在"将"前置处置式各种例句数量更多的《全唐诗》中发展与成熟起来。

第三，"将"后置处置式在隋唐五代俗文学中的例句总数、句式数及各种句式的例句数，都远少于《全唐诗》。隋唐五代俗文学与《全唐诗》中，"将"后置处置式各种句式的例句数量比较如表 8-4 所示。

表 8-4 "将"后置处置式与句式类别的例句数目比较

受成义短语句式	隋唐五代俗文学	占比（%）	全唐诗	占比（%）
"将"使成式（"将"作补语的句式）	3	8.33%	52	27.37%
趋向补语	17	47.22%	39	20.53%
受成义不及物行为补语	7	19.44%	15	7.89%
形容词表示的结果补语	2	5.56%	26	13.68%
处所补语或动词补语+处所宾语	2	5.56%	17	8.94%
可与双宾句变换关系的句式	0	0	10	5.26%
受成义及物行为短语	1	2.78%	14	7.37%
作/成+结果宾语	0	0	2	1.05%
连谓短语	4	11.11%	12	6.32%
谓语中心语动词为称作、看作等	0	0	0	0
保留宾语	0	0	0	0
范围补语	0	0	1	0.53%
外部效果补语	0	0	1	0.53%
联合短语受事	0	0	1	0.53%
总数	36	100%	190	100%

总的看来，就总数而言，隋唐五代俗文学中只有"将"后置处置式例句 36 个，占《全唐诗》中相应数目的 18.94%。如果剔除《祖堂集》中的例句，隋唐五代俗文学中的"将"后置处置式只剩下 16 个。显然，《全唐诗》中已经有的"将"后置处置式的多种句式是不可能在俗文学体裁中形成的。与"将"前置处置式类似，"将"后置处置式及其多种句式理应在《全唐诗》中形成、发展和成熟，才缓慢地、逐渐地转移到隋唐五代俗文学中去。

有关"将"后置处置式的形成，我们有一点需要说明，最早的"将"后置处置式例句是出现在《后汉书》（刘宋时期）中的。例如：

第七章例句（33）遂携将家属逃入深山。（《后汉书·蔡邕传》）

但这毕竟是个孤例。《艺文类聚》收集的隋唐以前的诗歌中已有 8 个"将"

后置处置式例句。例如：

（94）持缣将比素，新人不如故。（《艺文类聚》）

（95）无待送将归，自然伤客子。（《艺文类聚》）

（96）登山临水兮送将归。（《艺文类聚》）

（97）直置犹如此，何况送将归。（《艺文类聚》）

（98）昔人深诚叹，临水送将离。（《艺文类聚》）

（99）憭栗兮若在远行，登山临水送将归。（《艺文类聚》）

（100）梳头新罢照着衣，还从妆处取将归。（《艺文类聚》）

（101）烛尽悲宵去，酒满惜将离。（《艺文类聚》）

以上 8 个例句均为晋朝与南北朝时期的诗歌，除了例（94）是相比句，其他 7 例的语义均与第七章例句（33）相同，为狭义的使役义。它们的存在，为"将"后置处置式在隋唐诗歌中的形成、发展与成熟，然后再向俗文学体裁发展这一论断，提供了佐证。①

第四，隋唐五代俗文学的新型"将"字句的表达方式与《全唐诗》类似，但不够成熟。

首先，不少"将"前置处置式的例句中，把"之"放在施使义动词后，重复代表"将"的受事，反映了"将"前置处置式从诗歌向口语转化的初期特点。例如：

（102）若将彼妻子对之残害，是绝万方向慕之心，人人与之为仇。（《奉天录》）

（103）二子将羊而刺之，洒其血，羊起触二子，殪于盟所。（《独异志》）

（104）遂从僧言，将胎埋之。（《祖堂集》）

（105）明日为刘盆子将谢禄缢杀之，亦绕星之象。（《独异志》）

其次，"将"前置处置式主要句式中的"将"尚没完全虚化，如谓语中心语动词为称作、看作等句式。

在隋唐五代俗文学中，此类句式的例句颇多，有 25 个，超过"将"前置处置式例句总数的 1/4，说明这种句式在口语中比较常见。但这类例句中，"作"与"为"之前没有施使义动词"称"与"看"。例如：

（106）尔今不解，返执为有，将空作实。（《传心法要》）

（107）上座云："犹将教意向心头作病在。"（《祖堂集》）

---

① 因《艺文类聚》保存的是唐代以前的诗文歌赋等文学作品，故"将"后置处置式例句（94）至（101）没有收入第七章。

（108）道流，莫将佛为究竟。（《临济语录》）

（109）此是闲暇语话引来，非是达摩将此为祖宗的意。（《祖堂集》）

（110）徒以鸡凤相诳，薄脯成欺，饰鱼目以充珍，将夜光而为宝。（《神会语录》）

（111）数日之中思惟此事，欲将达摩宗枝之外为首。（《禅源诠序》）

第六章中此类例句虽少，但"作"之前已有动词"唤"，如：将他儒行篇，唤作贼盗律。该例句的存在说明，此类例句的完全虚化始于《全唐诗》，只是到了五代时期，还没有扩散到俗文学中。

最后，隋唐五代俗文学与《全唐诗》类似，"将"前置处置式的处所补语或动补补语+处所宾语句式及其他句式中均没有狭义的使役义例句。这一现象说明，隋唐五代俗文学与《全唐诗》的"将"字句是相互关联的。例如：

（112）所将驴一头，寄在停点字，嘱院主僧勾当草料。（《入唐求法》）

（113）阿难赞佛云，将此深心奉尘刹，是则名为报佛恩。（《临济语录》）

二、隋唐五代俗文学中的"将"前置处置式例句

下面列举隋唐五代俗文学中"将"前置处置式的两大句型及其各种句式的例句。因这两大句型及其各种句式的类似例句均在第六章有详细解说，故省略了例句说明。

1. 动词短语为单动词句型的例句

（114）公时为校书郎，于时将他适。（《唐摭言》）

（115）将宝类宝意不殊，琉璃线贯琉璃珠。（《祖堂集》）

（116）师曰："将饭与阇梨吃，底人还有眼也无？"（《祖堂集》）

又如，本章例句（102）（103）（104）。

另外，例句（115）（116）亦是《现代汉语语法教程》中句式 19 联合短语受事句式。

下面列举动词短语为使役义句型的各种句式的例句。

2. 形容词表示的结果补语

（117）此是圣末边事，汝莫将心凑泊。（《祖堂集》）

又如，本章例句（105）。

3. 处所补语或动词补语+处所宾语

（118）其僧在后将零凌香子散葱韭之上，令无臭气。（《入唐求法》）

又如，本章例句（113）。

4. 可与双宾句变换关系的句式

（119）驴便前云："实为市吏所杀，将肉卖与行人，不关裴少府事。"（《广异记》）

（120）师曰，莫道无语，且将德山落底头呈似老僧。（《洞山语录》）

（121）远法师传璨禅师，随朝信禅师在双峰山将袈付与禅师。（《神会语录》）

5. 作/成 + 结果宾语

（122）有所得，即将稿捻为丸，投大瓢中。（《唐才子传》）

（123）昔圭峰禅师患之，遂将教禅诸祖著述章句旨意相符者，集为一书，名曰禅源诸诠，以训于世。（《禅源诠序》）

6. 连谓短语

（124）不宜将二人之事，混同而注之。（《兼明书》）

（125）闽王闻之，将辇取于府庭供养，拟造塔安图，士庶瞻敬。（《祖堂集》）

7. 谓语中心语动词为称作、看作等

（126）尔今不解，返执为有，将空作实。（《传心法要》）

（127）上座云："犹将教意向心头作病在。"（《祖堂集》）

（128）道流，莫将佛为究竟。（《临济语录》，与例（108）相同）

（129）此是闲暇语话引来，非是达摩将此为祖宗的意。（《祖堂集》，与例（109）相同）

（130）徒以鸡凤相诳，薄脯成欺，饰鱼目以充珍，将夜光而为宝。（《神会语录》与例（110）相同）

（131）数日之中，思惟此事，欲将达摩宗枝之外为首。（《禅源诠序》，与例（111）相同）

（132）云何将此毕竟断灭以为修因，欲获如来，七常住果？（《首楞严经》）

8. 保留宾语

（133）咄哉，尔将这个身心，到处簸两片皮，诳呼闾阎。（《临济语录》）

（134）将谁立因，求无上觉？（《首楞严经》）

9. 相比句

（135）陆后于密访知之，嗟赏不少，将余比虞士。（《书断列传》）

（136）那将逝者比流水，流水东流逢上潮。（《唐才子传》）

10. 动量补语

（137）道了，将钁头打地三下。（《临济语录》）

三、隋唐五代俗文学中的 "将" 后置处置式例句

下面列举并简要分析在隋唐五代俗文学中, "将" 后置处置式的各种句式的例句。

1. "将" 使成式

（138）尔来未十稔, 续为节行将, 晖乃穷儒, 复脱身虎口, 挈一囊而至。（《唐摭言》）

（139）必须魏元忠头, 何不以锯截将, 无为抑我承反。（《大唐新语》）

（140）久之, 王女与堪去, 留将从二百余人。（《广异记》）

在隋唐五代俗文学的散文体中存在着 "将" 使成式例句, 说明 "将" 使成式是用词析法表达使役义的一种方式, 而不是 "将" 后省略了受成义动词。

2. 趋向补语

（141）四月中, 日本国对马百姓六人因钓鱼到此处, 武州收将去。（《入唐求法》）

（142）曹山云: "要头则斫将去。"（《祖堂集》）

（143）师云: "移将庐山来。"（《祖堂集》）

（144）洞山云: "把将德山落底头来!"（《祖堂集》）（"把" 为施使义动词, 词义为拿、握）

3. 受成性不及物动词表示的行为补语

（145）又见前者老翁, 携所将妓妾游行, 傧从极多, 见通皆大笑。（《玄怪录》）

4. 形容词表示的结果补语

（146）唾不拭将自干, 何如笑而受之? （《大唐新语》）

5. 处所补语或动词补语+处所宾语

（147）送将至店, 道诚与他柴价钱。（《祖堂集》）

6. 受成义及物行为补语

（148）今遣将绢八万匹, 以充三军牛酒之贶。（《奉天录》）

7. 连谓短语

（149）其有祠部牒者, 总索将入军裹磨勘。（《入唐求法》）

（150）如人被缚将去杀, 灾害垂至安可眠? （《小止观》）

四、隋唐五代史书中的新型 "将" 字句

因隋唐五代史书中的新型 "将" 字句较少, 本书只是简单介绍隋唐五代史书中新型 "将" 字句的概况。

　　成书于唐朝早期的《隋书》中有"将"前置处置式例句 3 个、"将"后置处置式 6 个，但语句的表现形式多不成熟。例如：

　　1. "将"前置处置式

　　（151）上大怒曰："恺敢将天官以为私惠！"

　　（152）又从郡多将杂物以贡献，帝不受，因遗权贵。

　　（153）是日，将高丽使人见。

　　2. "将"后置处置式

　　（154）及去官，吏人无少长，号泣于路，将送数百里不绝。

　　（155）乃下诏曰："自今捕谪之家，及罪应质作，若年有老小者，可停将送。"

　　（156）百姓将送者，莫不流涕，因相与立碑，颂颖清德。

　　（157）征召将送，必须以礼。

　　（158）高祖遣将诸物示勇，以谯诘之。

　　（159）命捉将来，骂云："我好欲放你，敢如此不逊！"

　　在"将"前置处置式的例句（151）（152）中，"将"后面的动词前都有一个"以"字，而成熟的"将"前置处置式中没有。例句（153）中的施使义动词为感知性动词。

　　"将"后置处置式中，例句（154）至（157）的使役义复合词都是"将送"，施使义动词"送"放在"将"后，且不存在受成义语法成分。而在南北朝时期的诗歌中，相同使役义的复合词构成形式已成熟，如例句（95）至（99）中的"送将归""送将离"等。

　　五代时期成书的《旧唐书》中，已有"将"前置处置式 30 个，但仅有"将"后置处置式例句 5 个。

　　总的看来，隋唐五代时期史书中的新型"将"字句数量、类别都很少，而《全唐诗》中的各类新型"将"字句已经成熟，且数量众多，可以推测，隋唐五代时期史书中的新型"将"字句是从《全唐诗》渗透与扩散而来的。

五、《敦煌变文集新书》中的新型"将"字句概况

　　《敦煌变文集新书》中的新型"将"字句的例句总数远远低于《全唐诗》中的相应数目，总的来说，新型"将"字句的诗歌例句数要多于散文例句数。

　　《敦煌变文集新书》共有"将"前置处置式例句 53 个，其中诗歌例句 33 个，散文例句 20 个，诗歌例句占总数的 62%。

　　"将"后置处置式例句 37 个，其中诗歌例句 19 个，占总例句的 51%。

致使式"将"字句 5 个，致使式"把"字句 2 个，均为诗歌例句，但不存在可解读为处置式与致使式两可的例句。

处置式"把"字句 13 个，全部是诗歌例句。

《敦煌变文集新书》有 2 个例句，与第六章例句（91）类似，"将"后的施使义动词"送"具有交付、上缴的词义。例如：

（160）遂即将侯周送县。（《敦煌变文集新书·卷八·搜神记》）

（161）遂即将（金）送县。（《敦煌变文集新书·卷八·搜神记》）

不过，"送"可以表示"送行"，《隋书》中就有数个"送"放在"将"后构成"将送"以表达使役义"送行"的例句。例句（160）（161）中的"送"也可能被后人分别解读为押送、送去，因此，这两个语句可以看作最早的具有狭义使役义的"将"前置处置式例句，即语句中的"送"描述的是从"家"至"县"这段距离的施使义行为，而不是距离终端的施使义行为。但我们强调的是，一直到宋代，才出现真正具有狭义使役义的"将"前置处置式例句。如：

（162）既获孟俊，将（之）械送帝所。（《资治通鉴》）

（163）同日将大字焦吉、十条龙苗忠、茶博士陶铁僧押赴市曹，照条处斩。（《宋话本》）

（164）钱大王打轿亲往开封府拜滕大尹，将玉带及张富一干人送去拷问。（《宋话本》）

第四节　关于隋唐处置式起源的几种假说的讨论

本书认为，隋唐新型"将"字句的产生，以"将"在《诗经》等先秦文献中的广义使役义及其使动用法在《全唐诗》中全面复活为前提。致使式"将"字句是隋唐前的"将"连谓使役式的扩充，它以"将"连谓使役式的兼语式结构为基础，把"将"连谓使役式的狭义使役义扩充到广义使役义；"将"前置处置式，既是在致使式"将"字句基础上的结构变异和发展，也可看作用新的句析法来解析和重新表达在《全唐诗》中复活了的"将"在《诗经》等先秦文献中的广义使役义；而"将"后置处置式则建立在隋唐前的各种"将"字句结构，如主动宾句、动宾句、受事主语句、连动句的基础上，是用词析法来解析和重新表达"将"在《诗经》等先秦文献中的广义使役义。

本书对隋唐新型"将"字句来龙去脉的解释，是对在《全唐诗》《敦煌变文集新编》、隋唐五代文中呈现出来的语言现象的理论概括。

有关现代处置式"把"字句的前身——隋唐期间产生的"将"前置处置

式的来源,学术界主要有以下几种解释:一是受阿尔泰语的影响,因在阿尔泰语的语句结构中,宾语在动词之前;二是"将"或"把"在宾语相同的宾格格式中的语法化(祝敏彻,1957;A.贝罗贝,1989);三是"将"或"把"在所谓语法化环境中的语法化(石毓智,2006)。

上面关于处置式来源的几种假设有以下两个主要问题:

第一,这些假说都试图解释同一结构的现代处置式"把"字句的前身"将"前置处置式(包括同期存在的处置式"把"字句),但不能解释为何在隋唐期间存在着语义相同但结构不同的两种处置式的语言现象。

第二,这些假说都与隋唐五代文献中呈现的相关语言现象关联甚微,甚至相互冲突。

接下来,我们试图讨论上面提到的后两种解释,但因为第一个问题是显而易见的,即"将"后置处置式有主动宾句、动宾句、受事主语句、兼语句四种不同结构,且每一结构均与"将"前置处置式或现代"把"字句的结构不同,因此,用特定结构内的语法化来解释"将"前置处置式的假设就无法解释语义相同但结构不同的两种处置式并存的语言现象。所以,我们也仅仅讨论问题二。

一、"将"或"把"在宾语相同的宾语格中的语法化

祝敏彻最早提出隋唐期间的处置式来源于"将"或"把"在宾语相同的连动句中的逐渐虚化。

祝敏彻认为,"将"在这类连动句中虚化的原因是,除"将"之外,还有另一个作为句中主要叙述词的动词,"将"只是表示一种无关紧要的辅助动作,那它所表示的意义就容易在人们的印象中逐渐消失,这样,"将"由实而虚,处置式就这样产生了。

A.贝罗贝把祝敏彻的解释进一步概括为"将"或"把"在宾语相同的宾语格句式中的语法化。

根据A.贝罗贝的解释,处置式来源于宾语格连动句"主语 + 动$_1$+ 宾 + 动$_2$",这里"宾"同时是动$_1$("把"或"将")和动$_2$的宾语。

A.贝罗贝举出了以下例句:

(165)醉把茱萸仔细看。(《全唐诗》)

(166)孙子将一鸭私用。(《太平广记·朝野佥载》)

在这两个例句中,"将"为动词,词义为"拿"。A.贝罗贝认为,"将/把"处置式就是在与两个例句类似的宾语格连动句中逐渐语法化的。

如果祝敏彻与 A. 贝罗贝的解释能够成立，因"将"前置处置式是在《全唐诗》中产生与发展起来的，我们应该在《全唐诗》中发现大量类似例句，但《全唐诗》中的语料并不支持祝敏彻与 A. 贝罗贝的论点。

首先，在《全唐诗》中有 684 个可解释为"用"或"拿"的"将"与其他动词构成的连动句，但这些例句全部都是工具式，没有一个类似于例句（166）的宾语格的例子。

其次，《全唐诗》中有 3 个与例句（165）类似的感知式例句，但 3 个例句不足以形成"将"的语法化或逐渐虚化的语句规模。例如：

（167）后贤如未谙斯旨，往往将经容易看。

（168）长怕嵇康乏仙骨，与将仙籍再寻看。

（169）修生一路就中难，迷者徒将万卷看。

例句（167）至（169）可以有两种解释：

第一，可以把这几个例句解释为感知式。感知式表述的是人对外界的感受、认知、实践对本人而不是对外界产生的效果，一般而言，"将"的宾语后的动词为感知动词，如看、听、闻、摸、恋、爱、思等。在上面的例句中，"看"是施使义动词，感知效果不是由补语而主要是由状语等其他方式间接表现的，因此，在上面例句中"将"的词义虚化了。

第二，可以把例句中的"将"解释为动词，词义为捧握、把拿，因在《全唐诗》中也有类似的"把"字句。例如：

（170）谁如太守分忧外，时把西经尽日看。

（171）更因文字外，多把史书看。

（172）莫愁寒族无人荐，但愿春官把卷看。

对比两组"将"字句与"把"字句，语义类似，因"把"可解释为动词，"将"的词义与词性也可据此类推。但即使我们把例句中的"将"解释为动词"捧握"或"把拿"，就数百年语言演变历史的过程而言，就形成"将"的语法化规模或逐渐虚化而言，仅仅 3 个例句显然是不够的。

在第五章论证《全唐诗》中"将"前置处置式来源于致使式"将"字句时，我们有两大依据，一是"将"前置处置式与致使式"将"字句具有相同的语义，即《诗经》中"将"的广义使役义；二是从致使式到"将"前置处置式的过渡语句（可被人们解读为致使式与处置式两可的句式）规模颇大，例句有 101 个之多。

再次，隋唐时期产生的感知式"将"字句可以看作"将"前置处置式的扩展。

感知式的语义和处置式的语义不一样，感知式的语义不是使役义。因此，《全唐诗》中的感知式"将"字句没有隋唐前"将"的词义与"将"字句语义的源头。证据是，在《全唐诗》中只有"将"前置感知式例句，而没有"将"后置感知式例句。如果先秦文献中"将"的本义包含感知性动词并具有相应的"将"字句，由于感知式"将"字句中的感知性动词为施使义动词，我们理应发现，就像出现了"将"前置与"将"后置两种处置式那样，在《全唐诗》中也应存在"将"前置与"将"后置两种感知式，但这种语言现象并不存在。

由于《全唐诗》中的感知式"将"字句缺乏隋唐前"将"的词义与"将"字句语义的源头，又由于感知式"将"字句的结构与"将"前置处置式完全一样，感知式"将"字句可能是在"将"前置处置式发展到一定规模后在其基础上的扩展，在语义上是人们用"将"前置处置式语句结构来表述人们对外部世界的感知效果。

最早提出"将"前置处置式产生在前，感知式产生在后的是王力。但王力把感知式与致使式都归于处置式在元明以后的发展，他举出的感知式例句来自《红楼梦》。

（173）谁知接接连连许多事情，就把你忘了。（《红楼梦》第二十六回）

从我们下面的统计和列举的例句来看，感知式在《全唐诗》中早已大量存在。在《全唐诗》中，有80个感知式"将"字句（包括例（167）至（169）），语句中的受事大都不可用手去"捧握"或"把拿"，而且，即使语句中的受事可以用手去"捧握"或"把拿"，根据诗意，也不宜把语句中的"将"解释为动词，例如：

（174）园林春媚千花发，烂漫如将画障看。

（175）想得惠林凭此槛，肯将荣落意来看。

（176）每将逍遥听，不厌飕飗声。

（177）无落于吾事，谁将帝力闻。

（178）岂将符守恋，幸已栖心幽。

（179）那将人世恋，不去上清宫。

（180）维将道可乐，不念身无官。

（181）日觉儒风薄，谁将霸道羞。

（182）未必圣明代，长将云水亲。

（183）益愧千金少，情将一饭殊。

（184）莫作鸠形并，空将鹤发期。

（185）赏逐乱流翻，心将清景悟。

（186）心将潭底测，手把波文裂。

（187）况将鹏虱校，数又百与十。

需要指出的是，《敦煌变文集新书》里有 2 个"将"后置感知式例句：

（188）争无里巷明宣说，自有神祇暗记将。（《敦煌变文集新书》）

（189）略与光严说少许，君须一一记持将。（《敦煌变文集新书》）

例句（188）（189）中的动词"记"与"记持"似乎应归于感知性动词。这种个别例句的存在，可以看作在《全唐诗》中产生了大量"将"前置感知式例句的基础上，民间艺人尝试使用"将"后置处置式来表达感知语义，毕竟民间艺人不会像出入科举考场的诗人那样，在诗歌的创作中那么讲究"无一字无来处"。

最后，例句（165）为"把"作动词的宾语格"把"字句。在第九章中，我们将从多方面论证隋唐期间的"将"字句产生在前，"把"字句产生在后，"把"字句不过是"把"替代了"将"的"将"字句，因此，我们不宜用"把"字句为例句来解释"将"字句的来源。

二、关于产生处置式的语法环境的探讨

石毓智提出，处置式理应产生于某种被他称之为"语法环境"的特殊句型。他认为，处置式最主要的语法环境为："将/把"＋NP＋（趋向动词）＋VP，其中的"将/把"是带有方向性的具体动作行为，把 NP 所指物体从他处移到实施者这里，同时 NP 也是 VP 的受事。

应该说，石毓智所言语法环境是祝敏彻提出的宾格格式中的特例，即 A. 贝罗贝表述的宾格格式"主语 ＋ 动₁＋ 宾 ＋ 动₂"，这里"宾"同时是动₁（将/把）和动₂的宾语，动₁为石毓智所言，是带有方向性的具体动作行为，把 NP 所指物体从他处移到实施者这里，同时 NP 也是 VP 的受事，这是一种特例。我们不妨把石毓智定义的"将"字句句式称为语法环境句式。

我们从以下三个方面来说明石毓智有关处置式是在语法环境中通过语法化逐渐产生的观点缺乏语言现象的支持。

1. 在《全唐诗》《敦煌变文集新书》与隋唐五代文中存在着极个别语法环境句式的例句，但不可能构成语法化的语法环境

根据石毓智的定义，NP 是 VP 的受事，因此，VP 必然是施使义动词短语，我们在《全唐诗》与《敦煌变文集新书》中找到了下列数个语句，满足

"将"是"带有方向性的具体动作行为，把 NP 所指物体从他处移到实施者这里"，而 VP 为施使义动词短语的语句。

（190）早晚下三巴，预将书报家。

（191）将来示时人，�㺄垂馋涎。

（192）少妇曾攀折，将归插镜台。

（193）欲将来放此，赏望与宾同。

（194）远把龙山千里雪，将来拟并洛阳花。

（195）镜成将献蓬莱宫，扬州长吏手自封。

（196）劳君赠我清歌侣，将去田园夜坐听。

《敦煌变文集新书》有 2 个类似例句。

（197）将来尽化作微尘，撒在空中处处匀。（《敦煌变文集新书》）

（198）积聚微尘成世界，将来打碎作成尘。（《敦煌变文集新书》）

隋唐五代文中也有数个散文体例句。

（199）师云："若将来则呈似老僧看。"（《祖堂集》）

（200）弟子是北人，将少许蚕种来卖，历寺纵观，幸遇禅师。（《书断列传》）

（201）辩才不敢将入己用，回造三层宝塔。（《书断列传》）

（202）条流甚切，恐镇栅察知，不敢将出寄付。（《入唐求法》）

（203）佛灭，文殊师利将此种来置此窟中。（《入唐求法》）

在《全唐诗》的 7 个例句中，"将"均满足语法环境句式的定义。但严格地说，因例句（190）至（195）中的 VP 都是"动词+宾语"，而 VP 中的宾语不同于语句中"将"的受事 NP，此 6 个例句都不应属于语法环境句式，只有例句（196）中 NP 是 VP 的受事，或者说《全唐诗》数以千计的"将"字句中只有 1 个语法环境句式的例句，若加上《敦煌变文集新书》中的 2 个语法环境句式例句（197）（198），在隋唐五代时期，仅有 3 个语法环境句式的诗歌例句，以及隋唐五代文中的数个语法环境句式的散文例句。

为了说明问题，我们不妨扩充石毓智的定义，把"将"满足语法环境句式的定义、VP 为施使义动词短语的"将"字句，统称为语法环境句式。显然，无论是 1 个石毓智定义的语法环境句式的例句，还是 7 个扩充了的语法环境句式的诗歌例句，都不可能或不足以构成在《全唐诗》中产生 349 个现代"把"字句的前身——"将"前置处置式的语法环境。

2. 语法环境句式只是表示狭义的使役义的一种罕见方式

语法环境句式是隋唐时期出现的新句式，这种句式与第四章探讨的隋唐前存在的"将"连谓使役式既有相同之处，也有不同之处。语法环境句式与"将"连谓使役式的相同之处在于，"将"的词义为施事作用于受事，使受事与施事一起在空间距离上移动；两种句式的不同之处在于，"将"连谓使役式中的 VP 为贯穿于距离中或距离终端的受成义动词短语，而语法环境句式的 VP 为距离终端的施使义动词短语。语法环境句式的语句结构类似于处置式，只是"将"仍为动词。

语法环境句式的语义仍为狭义的使役义。"将"代表使受事 NP 在一段距离中发生位移的行为，VP 代表在终端发生的施使性行为与受事的状态变化或施事企图达到的目的，如例句（192），少妇把花带回家，花插在镜台上；例句（196），把"清歌侣"带去田园，诗人是要在田园听他们唱歌。

在《全唐诗》中，人们用不同句式的"将"字句来表达狭义的使役语义，下面我们就来探讨一下这个问题。

在《诗经》中"将"作使动用法的几个例句：

第二章例句（18）无将大车。（《诗经·无将大车》）

第二章例句（27）肃肃王命，仲山甫将之。（《诗经·烝民》）

第二章例句（39）王事靡盬，不遑将父。（《诗经·四牡》）

在例句（18）中，"将"的使役义为"驭行"，具有使语句中的受事"大车"在一段距离中与施事一起运行的词义；例句（27），"将"的使动义为"奉行"，表述的语义是领取与接受、体会与理解、传达与宣传、执行与贯彻君王政令的全过程；例句（39），"将"的使役义为"奉养"，具有使语句中的受事"父"在一段时间内得到赡养照顾的含义（详细注解参阅第二章）。

"将"在《诗经》中的这三个例句的词义一方面表明，使役义动词"将"可以代表某一段距离、某一段时间或某一事件从开始到结束不同阶段的不同行为及其效果的组合；另一方面，"将"也可以分解为某一时间、某一距离、某一事件过程中不同阶段的一组不同的行为及其效果。《全唐诗》中不同句式的"将"字句就服务于分阶段表述"将"在某一段距离、某一段时间、某一过程中的使役义的需要，并起到了如此这般的作用。

下面解释的各种"将"字句的语义中都包含狭义的使役义，即在施事的作用下，受事与施事在一段空间距离上一起移动。

第一，在《全唐诗》中，当需要明确表现受事在某一距离中不同阶段的受成性行为时，依从自汉朝流传下来的习惯，人们主要使用"将"连谓使役式。例如：

（204）谁家不借花园看，在处多将酒器行。

（205）虽将玉貌同时死，却羡苍头此日生。

（206）南星中大火，将子涉清淇。

（207）空拳只是婴儿信，岂得将来诳老夫。

（208）禅子自矜禅性成，将来拟照建溪清。

（209）长恨早梅无赖极，先将春色出前林。

（210）秦地少年多酿酒，已将春色入关来。

（211）风引柳花当坐起，日将林影入庭来。

在"将"连谓使役式中，"将"为狭义的使役义中的施使义动词，在《全唐诗》中有239个"将"连谓使役式。

第二，在《全唐诗》中，当需要明确表述施事贯穿在某一距离中的施使性行为，但不需明确表述受成性行为时，人们使用"将"后置处置式中的"将"使成式。例如：

（212）假如君爱杀，留著莫移将。

（213）春水引将客梦，悠悠绕遍关山。

（214）扳罾拖网取赛多，篾篓挑将水边货。

（215）金凤欲为莺引去，钿蝉疑被蝶勾将。

（216）鸟偷飞处衔将火，人摘争时蹋破珠。

第七章例句（5a）白鸟带将林外雪，绿荷枯尽渚中莲。

第七章例句（13）回鹘数年收洛阳，洛阳士女皆驱将。

第七章例句（46）金镞有苔人拾得，芦花无主鸟衔将。

在"将"使成式中，"将"为受成义动词。例句中，"将"均具有受事在空间路径上与施事一起移动的受成义动词含义。在《全唐诗》中，有52个"将"使成式例句，其中语义为狭义使役义的例句有24个（相关内容详见第七章）。

第三，在《全唐诗》中，当需要同时明确表述施事在某一距离的始端或贯穿始终的施使性行为与受事在这一距离的受成性行为时，或者当需要把施事在某一距离的始端或中间阶段的施使性行为与终端的施使性行为区别开来时，人们都采用"将"后置处置式。例如：

第七章例句（25）逐将白日驰青汉，衔得流星入画门。

第七章例句（47）可怜黄雀衔将去，从此庄周梦不成。

第七章例句（58）漾舟雪浪映花颜，徐福携将竟不还。

第七章例句（76）君王昨日移仙仗，玉辇迎将入汉宫。

第七章例句（77）三足之乌足恐断，羲和送将安所归。

第七章例句（78）携将入苏岭，不就无出缘。

第七章例句（80）春风吹送廊庑间，秋社驱将嵌孔里。

第七章例句（81）看来看去心不忘，攀折将安镜台上。

第七章例句（94）有兴多新作，携将大府夸。

上面所引第七章例句中，"将"前动词均表达施事在某一距离的始端或贯穿始终（包括中间阶段）的施使性行为；例句（25）至（78）中，"将"后面的动词短语为受成义趋向动词；而例句（77）至（94）中，"将"后面的动词短语为施使义动词短语。需要补充的是，在这些施使义动词短语前，可看作省略了受成义趋向动词，如第七章例句（94）的后半句可看作"携将大府（来）夸"。

在"将"后置处置式中，因"将"前有施使义动词，"将"后有受成义动词（可省略），"将"的词义虚化了。在《全唐诗》中，不包括"将"使成式的"将"后置处置式例句有 136 个，其中包含狭义使役义的例句有 53 个。

第四，在《全唐诗》中，当需要明确表达施事在某一事件过程终端或某一距离终端的施使性行为时，人们会使用语法环境句式，《全唐诗》有 7 个这样的例句，即本章例句（190）至（196）。在这种例句中，"将"具有把受事从某一地点移往他处的动词含义。

从上面引用的四类句式的例句来看，语法环境句式只是隋唐期间《全唐诗》中表达狭义使役义的四种句式之一，是具有某种特殊语义、用处最少、例句数量最少的句式。

3. 《全唐诗》中的"将"前置处置式的语义不包含狭义的使役义

在《全唐诗》中有 349 个现代处置式"把"字句的前身——"将"前置处置式例句。在这些例句中，根据第五、第六章的探讨，我们没有发现一个例句的语义与语法环境句式相同或近似的。在《全唐诗》中，"将"前置处置式只有与致使式"将"字句中受事位移语义相同的例句，此结论也适用于《敦煌变文集新书》。例如：

第六章例句（67）似将青螺髻，撒在明月中。

第六章例句（68）如何将此景，收拾向图中。

第六章例句（69）谁将新濯锦，挂向最长枝。

第六章例句（73）尽将千载宝，埋入五原蒿。

第六章例句（90）愿将花赠天台女，留取刘郎到夜归。

（217）将竹插于腰下。（《敦煌变文集新书》）

（218）每把金襕安膝上，更将银缕挂肩头。（《敦煌变文集新书》）

（219）若将卧具广铺陈。（《敦煌变文集新书》）

（220）今将草命献王前。（《敦煌变文集新书》）

在上面所列举的"将"前置处置式例句中，语句中的施事在空间的某一点作用于受事并使之在空间移动，但语句中的施事并不与受事同时移动，这是隋唐期间出现在致使式"将"字句中的受事位移的新特点，是与语法环境句式所包含的狭义使役义（受事在施事作用下与施事一起在空间移动）不同的特点。

在《全唐诗》"将"前置处置式中，只有第六章例句（91）"三日开箔雪团团，先将新茧送县官"语义似乎与语法环境句式接近（《敦煌变文集新书》中也有 2 个类似例句）。

但该例句中"送"的词义并非挑着一担"新茧"从家里送到县官衙门那里，而是"无偿上缴"或"无偿赠予"的含义，与《全唐诗》中下面两个例句相类似：

第七章例句（44）腊内送将三折股，岁阴分与五铢钱。

第七章例句（55）送将欢笑去，收得寂寥回。

由此看来，第六章例句（91）的语义不是狭义的使役义，该例句不可归于含有狭义的使役义的特例。

以上论述表明，当需要用"将"的词义虚化了的处置式来表达与语法环境句式相同或相近的语义时，在《全唐诗》中，人们不会使用现代"把"字句的前身"将"前置处置式，而会自动使用"将"后置处置式，《全唐诗》中语义与语法环境句式相同或相近的、"将"的词义虚化了的"将"后置处置式例句有 53 个之多，其原因很可能是出于对语言习惯的尊重。虽然"将"后置处置式例句成规模出现发生在隋唐时期，但在《后汉书》与《艺文类聚》收集的南北朝的诗歌中，已经存在着语义与语法环境句式相近的"将"后置处置式例句。如第七章例句（33）及本章例句（97）至（101）。

在隋唐时期，由于人们主动使用"将"后置处置式，而不使用现代"把"字句的前身"将"前置处置式，来表达与语法环境句式相同或相近的语义，语法环境句式就不可能是形成"将"前置处置式或现代"把"字句的语法环境。

在《全唐诗》中存在着大量的、多种句式的"将"前置处置式例句，而人们用"将"前置处置式去表达与语法环境句式相同或相近的语义尚在隋唐五代之后，因此，恰恰是隋唐期间"将"的词义已经虚化了的"将"前置处置式的大量产生，导致了隋唐之后"将"在所谓语法环境句式中的虚化，而不是相反。

第九章 "把"字句与"将"字句

在《全唐诗》与《敦煌变文集新书》中，在致使式、处置式、感知式等"将"字句大量涌现的时期，出现了"将"字与"把"字通用的现象，出现了少量与"将"字句相同类型的"把"字句，即致使式、处置式、感知式等"把"字句。

我们在前面章节探讨了各类"将"字句形成的历史过程，研究表明，"将"字句是独立于"把"字句而形成的，有些学者在讨论"把"字句、"将"字句产生的过程时，一直把这两种语句放在一起讨论。一个很自然的问题是，"把"字句是不是也是独立于"将"字句而形成的？

在隋唐时期，因"将"字句出现在"把"字句之前，各种类型的"将"字句在语义与结构上已经成熟，例句也已大量产生，并不存在各种新型"把"字句独立产生与发展的必要性。那么，为何在隋唐时期，在致使式、处置式、感知式等"将"字句大量涌现的同时，也出现了相同类型的"把"字句？"把"字句与"将"字句的关系是什么？

因"将"字句与"把"字句中的"将"和"把"可以互换而不改变语句的含义，"把"字句实质上就是"把"替代了"将"的"将"字句，本章将探讨"把"有必要且能够替代"将"的多种因素。

本章例句主要取自《全唐诗》，故除非引用其他文献中的例句，所引例句将不再加以说明。

第一节 隋唐前"把"的词义与句型

本节我们讨论"把"的词义与句型，及其在隋唐前文献中的演变。

一、"把"的词义及其在隋唐前的使用概况

《说文解字》对"把"字本义的解释为"握也，抾拿也"。可见"把"的本义有二，一是"握"，为静态动词；二是"抓拿"，为动态动词，均与用手

握着或用手抓拿的具体动作有关。下面是隋唐前文献中使用了"把"的相关例句。

（1）有人珥两黄蛇，把两黄蛇，名曰夸父。（《山海经》）

（2）怀兰英兮把琼若，待天明兮立踯躅。（《楚辞》）

（3）拱把之桐梓，人苟欲生之，皆知所以养之者。（《孟子·告子章句上》）

（4）因左手把秦王之袖，而右手持匕首揕之。（《史记·刺客列传》）

（5）荷斤斧，把筑锸，与彼握刀持笔何以殊？（《论衡》）

（6）大丈夫除贼，须右手拔刀，左手把椠，直斫直刺，慎莫畏死。（《北史》）

（7）王先把其手曰："事克，当相用为荆州。"（《世说新语》）

（8）得其意难，如把刃持毒，不可不慎也。（《支谦译经》）

从先秦至南北朝文献中的例句来看，"把"作为动词，基本上是在其本义上使用的，代表用手握着或拿着的特定形体动作，而其作用的对象也大都具有可用手来"把握"之处，如上面所引例句中的一束香花之琼或具有长长木把的锄铫。由于"把"的动词含义就是"握"或"抓拿"并作用于可握之物，动作简单，字义直白，缺乏深奥意蕴，在以言简意赅为特点的古典文献中"把"的应用范围十分有限。根据统计，"把"不曾出现在《诗经》《论语》《左传》等先秦儒家经典中，而在南北朝的《世说新语》中，"把"也仅仅出现了 3次。表 9-1 为"把"在隋唐前各历史时期的使用概况。

表 9-1　"把"在隋唐前各历史时期的使用概况

朝代	使用"把"的例句数
周朝	4
春秋战国	12
汉	42
魏晋六朝	76
总数	134

二、"把"的词义在隋唐前文献中的抽象化

自先秦起，"把"已在其本义的抽象含义上使用，即"把"的受事并不能用手去"拿""握"，如下面例句中的"齐国""政""其阴重罪""政令""宿负"等，"把"的词义抽象为"掌控""执掌""掌握"等。

（9）欲知把齐国者，则其利之者邪？（《晏子春秋》）

（10）晏子辞，不得命，受相退，把政改月而君病惨。（《晏子春秋》）

（11）皆把其阴重罪，而纵使督盗贼，快其意所欲得。（《史记·酷吏列传》）

（12）言把持天子政令，纠率同盟也。（《风俗通义》）

（13）斗极，天下之所取法；钩陈，兵卫之象；故王者把操焉。（《昭明文选》）

（14）召见诸偷酋长数人，因贳罪，把其宿负，令致诸偷以自赎。（《昭明文选》）

虽然隋唐之前，"把"已在其本义的抽象含义上使用，但"把"仅具有施使义，并不具有使役义。

三、魏晋六朝文献中"把"作动词的连动句

在魏晋六朝的文献中已出现了"把"作动词的连动句，这些连动句数量很少，总共不到 10 个，但仍可分为两类，一为移动格，二为工具格。

（一）移动格"把"字句

在下面例句中，"把"的词义为"用手握着"，因"把"的受事在空间路径上发生位移，我们将这样的例句称为移动格"把"字句。

（15）文襄大悦，把遣臂入见焉。（《北史》）

（16）诸人门外迎之，把臂便下。（《世说新语》）

（17）若遇七贤，必自把臂入林。（《世说新语》）

（18）三更后，有两人把火至阶前。（《搜神后记》）

（19）日入之后，把炬逐北。（《汉末英雄记》）

需要指出的是，移动格"把"字句与连谓使役式"将"字句结构类似，但语义不同。连谓使役式"将"字句是具有使役义的连谓式与兼语式两可的语句，"将"的施事与受事同是连动句中的另一行为或状态变化的施事。但移动格"把"字句并不具有使役义，"把"与其受事构成的动词短语只是"把"后动词的状语，"把"的受事不是"把"所伴随的另一行为的施事，如例句（17），"把臂"是"入林"的方式或状语，而"入林"的施事不是"臂"，而是"把臂"之人与被"把臂"的"七贤"；又如例句（19），"把炬"是"逐北"的方式或状语，"逐北"的施事不是"炬"，而是"把炬"的兵将。但是，移动格"把"字句与连谓使役式"将"字句在结构上相似，没有可以相互区别的标记，区别只是在语义上；而且，语义也有某种相近之处，如"把"的施事与受事仍会一同在空间路径上移动。因此，魏晋六朝出现的移动格"把"字句能够

十分自然地过渡到隋唐期间的连谓使役式"把"字句。

连谓使役式"把"字句，即"把"取代了"将"的具有狭义使役义的连谓使役式"将"字句。

（二）工具格"把"字句

就隋唐前文献而言，我们仅在魏晋六朝的《梁书》中发现了一个工具格"把"字句，工具格"把"字句为在动词"把"与其他动词构成的连动句中，"把"的受事为工具的语句（祝敏彻，1957；A. 贝罗贝，1989）。

（20）每至冬月，四更竟，即敕把烛看事，执笔触寒，手为皴裂。（《梁书》）

"把"为动词，词义为"握"或"拿"。

第二节　《全唐诗》中"把"的使用概况

在《全唐诗》中，使用"把"的例句大幅度增加，超过隋唐前使用"把"的例句总和，"把"在各种例句中的使用概况如表 9-2 所示。

表 9-2　"把"在《全唐诗》中的使用概况

类别	例句数目	占总数比	抽象义例句数目	占本类例句比
动词	262	32.07%	18	6.87%
工具式	343	41.98%	72	20.99%
宾语格	39	4.77%	0	0
连谓使役式	46	5.63%	0	0
处置式	113	13.83%	106	93.81%
致使式	8	0.98%	7	87.50%
感知式	6	0.73%	6	100%
总数	817	100%	209	25.58%

表 9-2 中，宾语格指的是在动词"把"与其他动词构成的连动句中，由于前后动词的宾语相同，在语句中省略了后一宾语。在"把"连谓使役式例句中，包括个别移动格句式的例句。抽象义例句指的是"把"的受事不可用手来拿握，因此，"把"或者转化为抽象义（相对于"用手拿握"的具象而言）动词，或者转化为介词。例如：

（21）独把千重恨，连年未解颜。

（22）山风犹满把，野露及新尝。

（23）越王大有堪羞处，只把西施赚得吴。

（24）直把春偿酒，都将命乞花。

（25）名齐火浣溢山椒，谁把惊虹挂一条。

（26）休休，及早回头，把往日风流一笔钩。

（27）若教楚国宫人见，羞把腰身并柳枝。

（28）悠然放吾兴，欲把青天摸。

（29）休把虚名挠怀抱，九原丘陇尽侯王。

第三节　《全唐诗》中处置式"把"字句来源的相关讨论

本节我们探讨"把"的词义、宾语格、语法环境句式与处置式"把"字句来源之间的关系。

一、"把"的词义与处置式"把"字句

根据本章之前对"把"的本义及其演变历史的探讨，"把"为词义具体、明确的动词，而且只有与人的动作相关的施使义，不包含使其作用对象发生了某种行为或产生了某种状态变化的受成义，而建立在其本义上的"把"的抽象义也不是使役义。因此，"把"的词义与隋唐时期产生的处置式、致使式的使役语义无关，而处置式、致使式"把"字句也不可能从"把"的词义中演化而来。

另一个说明"把"的词义与处置式"把"字句的来源无关的强有力的证据是，《全唐诗》中的处置式"把"字句都是"把"前置处置式，没有"把"后置处置式的例句。根据第七章的论述，"将"后置处置式是用词析法来具体展现"将"的使役义，由于词析法只可改变语句中某一用词的词义，而不改变语句结构，展现"将"的使役义的词析法必须建立在前期"将"字句的语句结构的基础上。由于"把"只是施使义动词，不具有使役义，隋唐前就不存在"把"具有使役义的"把"字句，因此，不可能用词析法来构成"把"后置处置式。

二、语法环境句式与处置式"把"字句

我们在第八章论证了《全唐诗》中的处置式"将"字句不可能从语法环

境句式中产生出来。

下面我们简要说明《全唐诗》中的处置式"把"字句也不可能从语法环境句式的"把"字句中产生出来。

在《全唐诗》中仅有如下 2 个例句可能符合所谓语法环境句式的定义。

（30）画得自家梳洗样，相凭女伴把来呈。

（31）把来不是呈新样，欲进微风到御床。

首先，《全唐诗》中的语法环境句式"把"字句的例句只有 2 个，其数量难以构成可以语法化《全唐诗》中 116 个处置式"把"字句的语言环境；其次，上面 2 个例句中的施使义动词"呈"也缺乏使语句中的受事发生某种行为或产生某种状态变化的典型的处置义。因此，我们认为，在《全唐诗》中用处有限的所谓语法环境句式不可能是构成《全唐诗》中的处置式"把"字句的语法环境。

下面，我们讨论宾语格"把"字句与处置式"把"字句的关系。

三、宾语格"把"字句与处置式"把"字句

我们在第八章中重点论述了为何处置式"将"字句不可能从宾语格"将"字句中演化而来，接下来我们讨论宾语格"把"字句与处置式"把"字句之间的相互关系。

在《全唐诗》中有宾语格"把"字句例句 39 个，其数目远远超过宾语格"将"字句的语句数目（我们在《全唐诗》中找到 3 个可能归于宾语格的"将"字句）。不过，这 39 个例句中，32 个连动句中的动$_2$为感知动词，感知动词例句占宾语格例句的 82%。

（32）明年此会知谁健，醉把茱萸仔细看。

（33）谁如太守分忧外，时把西经尽日看。

（34）报我楼成秋望月，把君诗读夜回灯。

（35）半年江上怆离襟，把得新诗喜又吟。

（36）曾把桂夸春里巷，重怜身称锦衣裳。

（37）如今不重文章士，莫把文章夸向人。

（38）佳人自折一枝红，把唱新词曲未终。

（39）诗句无人识，应须把剑看。

而且，另 7 个非感知性动词$_2$的宾语格"把"字句，语义也不是典型的处置义，其中，2 个翻书，2 个玩乐器，2 个品尝酒，1 个宫女拉弓。例句如下：

（40）静坐将茶试，闲书把叶翻。

（41）河南白尹大檀越，好把真经相对翻。

（42）闲常把琴弄，闷即携樽起。

（43）煮茶童子闲胜我，犹得依时把磬敲。

（44）把酒宜深酌，题诗好细论。

（45）把得欲尝先怅望，与渠同别故乡来。

（46）射生宫女宿红妆，把得新弓各自张。

我们将在下面继续讨论，在"把"字句与"将"字句的结构相同的前提下，"把"与"将"之间存在着相互替代的关系，由于宾语格"把"字句与"将"前置处置式的结构相同，宾语格中的动₂与"将"前置处置式的动₂类似，也是施使义动词，因此可以推论，"把"字句中的宾语格为"把"替代"将"前置处置式中的"将"提供了结构环境。

不过，如果脱离处置式"将"字句已经存在的前提，假定《全唐诗》中的宾语格"把"字句为处置式"把"字句的独立来源，会有以下几大难以解释的问题：

第一，宾语格"把"字句的感知义与处置式"把"字句处置义的语义区别与演变过程。感知义表达的是人们对外部世界的体验、感受和思考，而不是对外部世界的改变；处置义描述的是人们通过自己的行为对外部世界的改变，如导致他人的行为、物的运行或人与物的状态变化。显然，感知义与处置义有很大区别。那么，是什么条件使得表达感知义的宾语格"把"字句可以转化为表达处置义的处置式"把"字句呢，语义演变是怎样发生的呢？对这些问题的回答需要大量实际语料的支持。

第二，"把"字由动词虚化为虚词的具体途径。"把"的本义为用手"握"和"拿"，其建立在本义上的抽象义为掌握、掌控、执掌，可见"把"为施使义动词。那么，"把"的十分具体的施使义是通过什么方式在宾语格中虚化的，词析法、句析法或人们尚不知道的某种方式？回答这样的问题，也需要大量语言现象的例证，仅仅采用"宾语格中的语法化"或"宾语格中的历史演变"的说法（A. 贝罗贝，1989）未免过于空泛和缺乏说服力。

第三，从宾语格演化为处置式的必要性。以往学术界探讨处置式的来源时是把"将"字句与"把"字句放在一起讨论的，因此，处置式"把"字句或"将"字句是怎样产生的，这是一个绕不过去的问题。根据前面章节的研究，隋唐时期产生的致使式、"将"前置处置式、"将"后置处置式、感知式等"将"字句有其自身演变的轨迹和规律，它们是脱离"把"字句而独立存在和发展的。如果我们的研究反映了"将"字句产生、演变、成熟的语言历史，则从宾语格"把"字句演化为处置式"把"字句就不是一个真问题。因为"将"字句的致使式、处置式、感知式已经存在，这些句式从语义到结构都已经很成熟，它们没有必要被重新产生出来。

由于存在着上面所说三大难以解释的问题，我们认为，宾语格"把"字句在《全唐诗》中的存在，只是处置式"把"字句能够产生的原因之一，但不是出现处置式"把"字句的独立来源。《全唐诗》中处置式"把"字句的产生受到多种因素的影响。

《全唐诗》中处置式"将"字句的出现和成熟是在处置式"把"字句之前，故不宜脱离处置式"将"字句的存在这一语言现象来讨论处置式"把"字句的产生问题。

当处置式"将"字句产生于先，而同样句式的"把"字句出现在后，由于相同句式的"将"字句与"把"字句的语义及结构完全一样，只是一个用"将"，一个用"把"，因此，所谓处置式"把"字句实际上就是"把"替代了"将"的"将"字句。由此可见，相同句式的"将"字句与"把"字句并存这一语言现象，实际上是在处置式中用"把"替代"将"的语言现象。这一语言现象的真正问题，不是处置式"把"字句是怎么独立产生的问题，而是在处置式等连动句式中，"把"有什么必要以及为什么能够替代"将"的问题。

我们认为，在处置式等相关句式中，"把"替代"将"的语言现象，主要受以下几个因素的影响：

第一，处置式"将"字句先于处置式"把"字句存在。

第二，"把"的动词词义的抽象化。我们在前面已经引用语料说明，在隋唐之前，"把"已在其本义的抽象含义上使用，因处置式中"将"或"把"的词义已虚化，"把"的词义的抽象化，为"把"替代"将"以及"把"从动词转化为虚词提供了便利。

第三，在其他结构相同的连动句中，"把"连谓使役句与工具式中"将"与"把"相互替代的示范效应。

第四，宾语格与"将"前置或处置式"把"字句在结构与词性上的相同和类似。

第五，唐诗对平仄的要求。

影响"把"替代"将"的因素二与四在第一、三节中已讨论过，下面我们将分别讨论影响因素一、三、五。

第四节 《全唐诗》中"把"替代"将"语言现象的解释

在《全唐诗》中，在新出现的"将"字句的致使式、处置式、感知式等不同句式中，出现了"把"替代"将"的语言现象，我们在这节讨论这一语言现象产生的若干主要因素。

一、"把"替代"将"的现象——处置式"把"字句与处置式"将"字句的分类比较

我们将通过《全唐诗》中处置式"把"字句与"将"前置处置式的分类比较，来说明处置式中"把"对"将"的替代关系。所谓"把"替代"将"，即"把"替代"将"前置处置式中的"将"，从而把"将"前置处置式"将"字句转化为处置式"把"字句，"把"的词义与词性也自然转化为"将"的词义与词性。

与"将"前置处置式类似，《全唐诗》中的处置式"把"字句主要分为三大类，一是致使式中可解读为处置式与致使式两可的类型（这里把这类致使式归于处式是为了通过比较说明处置式"把"字句的来源）；二是单动词句型；三是使役义动词短语句型。"将"前置处置式与"把"字句处置式按类别分布的概况如表9-3所示。

表9-3 "将"前置处置式与"把"字句处置式按类别分布概况

处置式分类	"将"字句	占比（%）	"把"字句	占比（%）
处置式与致使式两可句型	101	22.45%	5	4.42%
单动词句型	127	28.22%	60	53.10%
使役义动词短语句型	222	49.33%	48	42.48%
总数	450	100%	113	100%

表9-3显示，处置式与致使式两可的"将"字句有101个，占"将"前置处置式总数的22.45%，而处置式与致使式两可的"把"字句只有5个，占"把"字句处置式的4.42%。这一现象间接说明了"将"前置处置式产生于处置式"把"字句之前。因为"将"前置处置式来源于处置式与致使式两可的"将"字句，显然，处置式与致使式两可的"将"字句产生于"将"前置处置式之前。相比处置式与致使式两可的"将"字句，"将"前置处置式的语义表

达力更强，在"将"前置处置式产生之后，处置式与致使式两可的"将"字句逐渐稀少，由于"把"字句处置式产生于"将"前置处置式之后，在处置式与致使式两可的语句中"把"替代"将"的机会也就大大减少，这应是处置式与致使式两可"把"字句例句很少的原因。

下面再看使役义动词短语句型的"将"前置处置式与"把"字句处置式的分布概况，如表9-4所示。

表9-4　使役义动词短语句型的"将"前置处置式与"把"字句处置式的分布概况

使役义动词短语句型的句式分类	"将"字句	占比（%）	"把"字句	占比（%）
趋向动词短语	1	0.45%	0	0
形容词表示的结果补语	7	3.15%	4	8.33%
处所补语或动词补语+处所宾语	53	23.87%	7	14.58%
与双宾句有变换关系的句式	87	39.19%	16	33.33%
受成义及物行为补语	2	0.90%	0	0
作/成 + 结果宾语	12	5.41%	1	2.08%
连谓短语	12	5.41%	0	0
时段补语	0	0	1	2.08%
谓语中心语动词为称作、看作等	3	1.35%	3	6.26%
保留宾语	17	7.66%	4	8.33%
相比句	28	12.61%	8	16.67%
偏称宾语	0	0	3	6.26%
其他	0	0	1	2.08%
总数	222	100%	48	100%

从表9-4可以看出，"将"前置处置式与处置式"把"字句的各类句式在总数中所占比例有很大相关性。如"将"前置处置式中句式比例超过10%的三大句式有处所补语或动词补语+处所宾语句式、与双宾句有变换关系的句式及相比句，与"把"字句中相应比例超过10%的句式完全相同。另外，在与连谓使役式语义密切相关的三个句式趋向补语、受成义不及物动词补语、受成性及物动词补语句式中，"将"前置处置式例句或为0，或为个数，而"把"字句处置式的例句都为0。

这些现象说明，在《全唐诗》中，"把"字句处置式还没有发展到自身独立的程度，只是在"将"前置处置式所涵盖的语义范围内用"把"替代"将"。因此，处置式"把"字句各类句式例句的多寡和有无都反映了"将"前置处置式的相应特点。当"将"前置处置式某些句式应用较广,"把"字句处置式的同类句式的例句也就较多。由于在《全唐诗》中,"将"前置处置式不包括连谓使役式的语义,同样,在《全唐诗》中就没有连谓使役式语义的"把"字句处置式例句。

二、相同句式的"将"字句与"把"字句的产生先后问题

我们只能从不同角度来说明,《全唐诗》中致使式、处置式、感知式"将"字句产生于相同句式的"把"字句之前。如果要确断这些句式的"将"字句与"把"字句孰先孰后,有待同仁学者的进一步研究,即把包含"将"字句与"把"字句的各首唐诗的写作日期进行估算推断。

第一,通过《诗经》中"将"的广义使役义,隋唐前"将"的词义演变的词析法与句析法两种不同方法和途径,隋唐期间"将"的广义使役义在《全唐诗》中的全面复活,尤其是自先秦至隋唐期间大量的不同类型"将"字句词义、语义、结构演变的语料,我们能够在脱离"把"字句的前提下,全面阐明《全唐诗》中致使式、处置式、感知式"将"字句产生的词义与语义来源,词义与结构演变的方式和历史轨迹,"将"字句各种句式的关系等;而"把"字句的各种句式的词义与语义的来源、句式的相互关系与演变轨迹,却不能脱离"将"字句的存在而获得建立在语料基础上的合理解释。

第二,在《全唐诗》中,从语义的角度来看,处置式"将"字句比处置式"把"字句宽泛,处置式"将"字句的语义为使役义(处置义例句只是全部使役义例句的一部分),处置式"把"字句的语义则完全为处置义,在《全唐诗》的 113 个处置式"把"字句中没有不是处置义的"把"字句,其原因在于,"把"的词义表达的是人的行为,因而在《全唐诗》中,"把"只能替代与人的行为有关的、具有处置义的处置式"将"字句中的"将"。

第三,在《全唐诗》中,有两种语义相同、结构不同的处置式"将"字句,即"将"前置处置式与"将"后置处置式,而"把"字句只有一种"把"前置处置式。其原因在于,"将"前置处置式与"将"后置处置式都是从"将"的广义使役义演化而来的,都产生在处置式"把"字句之前,而"把"字句处置式来自"把"对"将"的替代。"把"替代"将"是以存在着相同结构的"把"字句与"将"字句为前提的,由于存在与"将"前置处置式结构类似的宾语格"把"字句,用"把"替代"将"前置处置式的"将",就形成了处置式"把"字句。而"将"后置处置式是通过词析法在多种语句结构中形成的,同构联系不起作用,加之"把"不具有使役词义,"把"就不能取代"将"后

置处置式中的"将",也不存在着"把"后置处置式。

　　第四,从数量上来看,除了宾语格句式,在《全唐诗》中,各种句式的"将"字句的例句数目都远远超过相同句式的"把"字句,各种句式的"将"字句与"把"字句的例句数目如表9-5所示。

表9-5　《全唐诗》中各种句式"将"字句与"把"字句例句数

类别	"将"字句	"把"字句
工具式	684	343
宾语格	3	39
"将/把"连谓使役式	239	46
"将/把"前置处置式	349	113
"将/把"后置处置式	190	0
致使式	148	8
感知式	80	6
总数	1693	555

　　表9-5显示,只有宾语格"把"字句的例句数量超过宾语格"将"字句的数量,其原因在于宾语格不是从"将"字句发展而来的。《全唐诗》中的宾语格例句是双动词所带宾语相同的连谓式,第一动词的含义均为"把"的本义捧、握、拿等,语句语义也不是使役义,故这类句式不宜用"将",且基本上是由"把"与其他感知性动词构成。

　　除了宾语格,表中其他句式都是从"将"字句发展而来的,这类句式的"把"字句来源于"把"对"将"的替代。显然,只有当这些"将"字句的句式发展到一定规模后,才会出现"把"对"将"的替代。由于"将"与"把"的字义不同,人们对于"把"替代"将"有一个逐步接受、逐步认同、逐步习惯的过程,而隋唐时期只是"把"字句替代"将"字句的早期,因而出现了表中除宾语格外各种句式的"将"字句远多于"把"字句的现象。此现象表明,除宾语格外,各种句式的"将"字句产生、发展在先,"把"替代"将"导致的"把"字句产生于后。

三、"把"替代"将"与"把""将"连动句的同构前提

　　我们已经指出,因宾语格"把"字句与处置式"将"字句的结构相同,《全唐诗》中存在着相当数量的宾语格"把"字句,是"把"能够替代"将",把"将"前置处置式转化为处置式"把"字句的因素之一。

在《全唐诗》中，"把"对"将"的替代不仅发生在"将"前置处置式（包括致使式与感知式）中，也发生在连谓使役式与工具式中，但不存在"将"后置处置式中。由于在隋唐前就存在工具格与连谓使役式"将"字句，也存在工具格以及与连谓使役式结构相同的移动格"把"字句，这也进一步佐证了"把"对"将"的替代是以存在结构相同的"把"字句与"将"字句为前提的。

（一）在连谓使役式中，"把"与"将"的相互替代性

在《全唐诗》中，出现了相当数量的移动格与连谓使役式两可的"把"字句，共有例句 46 个。这些例句与本章例句（17）"若遇七贤，必自把臂入林"不同。在例句（17）中，因"臂"是人的一部分，人们很容易判断，"把臂"是"入林"的状语，可《全唐诗》中移动格与连谓使役式两可的"把"字句，其受事全部是可用手"拿握"的物品，如剑、器皿、花枝、书画等。由于没有语法标记，我们没有标准可以确定这些例句哪个是移动格、哪个是连谓使役式，故称为移动格与连谓使役式两可的语句。如下列例句（47b）中，我们不能断言，到底是拿着"芳枝"归了洞房（移动格），还是把"芳枝"带进了洞房（连谓使役式）。这样一来，一方面，人们可能在需要时，用"把"取代连谓使役式中的"将"，用移动格"把"字句的方式来表达连谓使役式的语义；另一方面，人们可能把移动格"把"字句解释为"把"连谓使役式，把"以'拿握'为方式的搬移"的新词义注入给"把"。这样，连谓使役式"把"字句在移动格"把"字句的基础上自然地发展起来，"将"与"把"也就在移动格与连谓使役式中具有了相互替代性。

在《全唐诗》的"将"字句中，也出现了相当数目的受事可以用手"拿握"的例句，这些连谓使役式与移动格两可的例句有 44 个，占 239 个连谓使役式"将"字句总数的 18%。因"将"的词义需要依文为义，在这些连谓使役式与移动格两可的"将"字句中，"将"的词义或"把"的词义"拿握"（移动格），或是以"拿握"为搬移方式的"把"（连谓使役式）。

因缺乏区别连谓使役式与移动格的语法标记，我们把《全唐诗》中的移动格全部归于连谓使役式，这些受事可以用手"拿握"的连谓使役式"将"字句与"把"字句的语义和结构完全一样，唯一的区别是一个用"将"，一个用"把"，由于在语句中"将"与"把"是词义相同的动词，"将"与"把"可以根据需要相互替换。"将"与"把"对比的例句有：

（47a）却将仙桂东归去，江月相随直到家。

（47b）妆成罢吟恣游后，独把芳枝归洞房。

（48a）白首从军未有名，近将孤剑到江城。

（48b）上高楼阁看星位，著白衣裳把剑行。

（49a）公子倚栏犹怅望，懒将红烛草堂归。

（49b）晨趋北阙鸣珂至，夜出南宫把烛归。

（50a）谁家不借花园看，在处多将酒器行。

（50b）菊花村晚雁来天，共把离觞向水边。

（51a）闲将酒壶出，醉向人家歌。

（51b）醉把渔竿去，殷勤藉岸莎。

（52a）莫将画扇出帷来，遮掩春山滞上才。

（52b）会当小杀青瑶简，图写龟鱼把上天。

（53a）此时暂与交亲好，今日还将简册回。

（53b）清晨候吏把书来，十载离忧得暂开。

（54a）释子身心无有分，独将衣钵去人群。

（54b）木兰船上游春子，笑把荆钗下远滩。

（55a）绣额朱门插艾人，羞将角黍近香唇。

（55b）频把琼书出袖中，独吟遗句立秋风。

（二）在工具式中，"把"与"将"的相互替代性

在《全唐诗》中，存在着大量的工具格与工具式的"将"字句与"把"字句。工具格与工具式的语句结构相同，两者的区别是，工具格是连动句，"将"或"把"为动词；而在工具式中，"将"或"把"为介词"用"或"拿"。在工具格中，"将"或"把"的受事都可用手"拿握"；而在工具式中，"将"或"把"的受事有的可用手"拿握"，有的不能。

在《全唐诗》中，"将"字句与"把"字句在工具格与工具式中的分布概况如表9-6所示。

表9-6　《全唐诗》中"将"字句与"把"字句在工具格与工具式中的分布概况

工具格与工具式	"将"字句	占比（%）	"把"字句	占比（%）
工具格："把""将"为动词	8	1.17%	217	63.27%
工具式：受事可用手"拿握"	153	22.37%	54	15.74%
工具式：受事不可用手拿握	523	76.46%	72	20.99%
总数	684	100%	343	100%

从表 9-6 来看，因《全唐诗》中工具格"将"字句仅有 8 个例句，《艺文类聚》中也仅有 1 个工具格"将"字句，即例句（56），而工具式"将"字句有 676 个之多。可以推论，工具式"将"字句在《全唐诗》中一经产生，就已完全成熟。

（56）试将弓学月，聊持剑比霜。（《艺文类聚》）

我们之前提到，在隋唐之前，仅存在着 1 个工具格"把"字句的例句，而在《全唐诗》中有 217 个工具格"把"字句、126 个工具式"把"字句。可以推论，工具式"把"字句可能在隋唐时期从工具格"把"字句中演变而来；也可以推论，大量工具格"把"字句的存在，为"把"替代"将"，把工具式"将"字句转化成工具式"把"字句创造了条件。

在各类工具格、工具式"将"字句与"把"字句中，"将"与"把"可以根据需要相互替换，有三种情况：

1. 工具格

（57a）欲卷珠帘惊雪满，自将红烛上楼看。

（57b）洗杯新酒熟，把烛故人留。

（58a）惟将新赐火，向曙著朝衣。

（58b）岁去停灯守，花开把火看。

（59a）莫怪临风倍惆怅，欲将书剑学从军。

（59b）对棋陪谢傅，把剑觅徐君。

（60a）应将笔砚随诗主，定有笙歌伴酒仙。

（60b）把笔临芳不自怡，首征章句促妖期。

（61a）邮亭已送轻车发，山馆谁将候火迎。

（61b）高低深浅一阑红，把火殷勤绕露丛。

"把"可在工具格中取代"将"是因为"将"本有"持"的含义，当所"持"之物可用手"拿握"，这类语句可以根据需要用"把"替代"将"。也可以说，在这类例句中，"将""把"在词义上可相互替代。

2. 受事可用手拿握的工具式

（62a）争将金锁锁，那把玉笼笼。

（62b）饭把琪花煮，衣将藕叶裁。

（63a）戏把蓝袍包果子，娇将竹笋恼先生。

（63b）把笔还诗债，将琴当酒资。

（64a）莫将罗袖拂化落，便是行人肠断때。

（64b）思归瀑布声前坐，却把松枝拂旧庵。

（65a）人世不思灵卉异，竟将红缬染轻沙。

（65b）怜师好事无人见，不把兰芽染褐衣。

（66a）尽说蒿簪古，将钱买金钗。

（66b）当时若遇燕昭王，肯把千金买枯骨。

在这类例句中，因"工具"可用手"拿握"，则"把"可替代"将"，构成工具式"把"字句。"将""把"在语句中的词义均为"拿"，可相互替代。

3. 受事不可用手拿握的工具式

（67a）拟将心地学安禅，争奈红儿笑靥圆。

（67b）曾把禅机销此病，破除才尽又重生。

（68a）偶将心地问高士，坐指浮生一梦中。

（68b）欲把伤心问明月，素娥无语泪娟娟。

（69a）酒后留君待明月，还将明月送君回。

（69b）沙头南望堪肠断，谁把归舟载我行。

（70a）推倒我山无一事，莫将文字缚真如。

（70b）言之无罪终难厌，欲把风骚继古风。

（71a）惯将喉舌传军好，马迹铃声遍两河。

（71b）须把咽喉吞世界，盖因奢侈致危亡。

（72a）方外主人名道林，怕将水月净身心。

（72b）古今悉不知天意，偏把云霞媚一方。

"把"可替代"将"的第三类情况，应是前两类的扩展，"把""将"的词义均从"拿"虚化为"用"。

四、"把"替代"将"与唐诗平仄格律之间的关系

我们知道，"把"的词义与"将"不同，为何"把"能够在"将"前置处置式中替代"将"呢？一个重要的起因来自唐诗严格要求平仄的客观需要。

我们发现，在 113 个处置式"把"字句中，除了 4 个例外，如果用"将"替代"把"，就会违反唐诗对平仄的要求。由此可见，"把"替代"将"前置处置式中的"将"，应开始于作诗中取巧的选择。如果用"将"，则不合平仄，而唐诗对平仄要求极为严格，马虎不得，用"把"替代"将"，就可以解决平仄问题。由于宾语格与"将"前置处置式结构一致，加之"将"与"把"的互换现象存在于连谓使役式与工具式中，再加之，"把"已具有抽象义，可以作用于不可用手把拿的事物等。因此，尽管用"把"替代"将"存在着词义差异，然而唐代诗人们大概觉得这一词义差异相对于不合平仄来说，还是更

可接受一些。

"把"在"将"前置处置式中替代"将"而形成处置式"把"字句的语言现象，与唐诗对平仄的严格要求相关的一个强有力的佐证是，在隋唐五代俗文学中，包括《敦煌变文集新书》《游仙窟》《洞山语录》《祖堂集》《广义集》《唐才子书》《唐摭言》等，以及史书中的《隋书》《旧唐书》，除了引用的诗歌外，我们没有在散文语句中发现一个处置式"把"字句的例句。由此可见，只是由于唐诗对平仄的要求，处置式"把"字句形成于《全唐诗》中，在隋唐五代以后才逐渐转移到口语、俗文学与史书中去。

第五节　《全唐诗》中处置式"把"字句例句

下面列举《全唐诗》中不同句式的处置式"把"字句例句并做简要分析。

1. 单动词"把"字句

（73）长如此，过平生，且把阴阳仔细烹。

（74）蹲前但相聒，似把白丁辱。

（75）素灵失律诈风流，强把芳菲半载偷。

（76）知君暗宰人间事，休把苍生梦里裁。

（77）男子登舟与登陆，把心何不一般行。

（78）狡兔何曾擒，时把家鸡捉。

（79）惜无载酒人，徒把凉泉掬。

（80）莫言鲁国书生懦，莫把杭州刺史欺。

（81）娇多情脉脉，羞把同心捻弄。

（82）劝年少，把家缘弃了，海上来游。

（83）休休，及早回头，把往日风流一笔钩。

（84）予家药鼎分明在，好把仙方次第传。

在《全唐诗》中，单动词"把"字句在处置式"把"字句中占有主要地位，其数量占处置式"把"字句总数的53%，反映了早期处置式"把"字句的特点。而且，与《现代汉语语法教程》中的现代"把"字句句式1相同，在例句（82）中已带有动词后缀"了"。

2. 形容词表示的结果补语

（85）稚丰伦鉴未精通，只把蛙声鼓吹同。

（86）回顾段师非汝意，玉环休把恨分明。

在例句（85）（86），形容词"同"与"明"分别是动词"鼓吹"与"分"

的补语。

3. 处所补语或动词补语+处所宾语

（87）酣歌欲尽登高兴，强把黄花插满头。

（88）东风满地是梨花，只把琴心殢酒家。

（89）笔端尽现寰区事，堪把长悬在户庭。

例句（87）（89）为"把"字句中的"动词补语+处所宾语"句式，处所宾语分别为"满头"与"酒家"。例句（89）为"把"字句中的处所补语句式，处所补语为"在户庭"，"把"的宾语省略，《全唐诗》中仅有 1 个例句属于处所补语句式。

4. 与双宾句有变换关系的句式

（90）若将明月为俦侣，应把清风遗子孙。

（91）尽把归心付红叶，晚来随水向东流。

（92）将军醉罢无余事，乱把花枝折赠人。

（93）敢把吾师意，密传门外僧。

（94）今朝林下忘言说，强把新诗寄谪仙。

在与双宾句有变换关系的"把"字句中，间接宾语多为人，如上面例句中的"子孙""人""门外僧""谪仙"，但也有少数例句的间接宾语为自然物，如例句（91）的"红叶"。

5. 作/成 + 结果宾语

（95）谁把碧桐枝，刻作云门乐。

在例句（95）中，"云门"为动词"刻"的结果宾语，在现代汉语"把"字句中，多用"成"取代了"作"。

6. 时段补语

（96）莫把少年愁过日，一尊须对夕阳空。

在例句（96）中，"日"为时段补语。时段补语句式是现代"把"字句中的一种句式，为《现代汉语语法教程》中的句式 6。虽然《全唐诗》的处置式"把"字句中仅此一例，但《全唐诗》的"将"前置处置式中没有该句式的例句。由此可见，这种句式的例句是首先出现在"把"字句中的。

7. 谓语中心语动词为称作、看作等

（97）有人把椿树，唤作白栴檀。

（98）更把浮荣喻生灭，世间无事不虚空。

这两个例句可归类于《现代汉语语法教程》的句式 13。按照《现代汉语语法教程》的说法，这种句式的主要使用情景是，"本来不是 B 事物（人或行为），陈述某人看 A 为 B 事物（人或行为）"。例句（98）中的动词"喻"与称作、看作词义相近，故例句（98）可归于此句式。

8. 保留宾语

（99）粗衣粝食老烟霞，勉把衰颜惜岁华。

（100）竟把琉璃盏，都倾白玉浆。

保留宾语的概念与定义来自吕叔湘。因"将"前置处置式的保留宾语例句较多，对保留宾语处置式的详细分析参见第六章。在例句（100）中，"把"的宾语"琉璃盏"是动词短语"倾白玉浆"描述的行为发生的处所。

9. 相比句

（101）谁能更把闲心力，比并当时武媚娘。

（102）王孙莫把比荆蒿，九日枝枝近鬓毛。

（103）若把君书比仲将，不知谁在凌云阁。

例句（101）至（103）为《现代汉语语法教程》中的"把"字比较句。例句（102）省略了"把"的宾语"菊"。

10. 偏称宾语

（104）衰迟自喜添诗学，更把前题改数联。

（105）名齐火浣溢山椒，谁把惊虹挂一条。

偏称宾语"把"字句来自吕叔湘对"把"字句类别的划分。吕叔湘说，偏称宾语"把"字句的宾语"都分成两个部分，先是全称的名词，放在'把'字后头，后是偏称的数量，放在主要的动词后头"。例句（104）（105）中的"数联""一条"即相应"把"字句中的偏称宾语。偏称宾语"把"字句是现代汉语"把"字句中颇为常见的一种句式，这种句式的例句首先出现在《全唐诗》的处置式"把"字句中，而没有出现在《全唐诗》的"将"前置处置式中。

11. 其他

（106）毛干时有何人润，尽把烧焚恨始平。

例句（106）似乎难以归于学术界已有句式。

第六节 隋唐"将"字句与现代"把"字句

本章对隋唐时期"把"字句来源的问题给予了澄清，并从语料出发，提出了一些新的看法，现简要概括如下：

第一，隋唐期间，在"把"字句出现之前，各种新型"将"字句已在《全唐诗》中产生并发展成熟，例句也已大量出现，加之"把"的词义不具有使役义，因此，不存在各种新型"把"字句重新独立产生与发展的必要性与可能性。可以说，没有隋唐新型"将"字句，就没有隋唐新型"把"字句，也就没有现代"把"字句。

第二，隋唐期间的各类新型"把"字句不过是"把"替代了"将"的同类型的"将"字句。新型"将"字句产生与发展在前，"把"替代"将"变成新型"把"字句在后；新型"将"字句例句众多，新型"把"字句例句较少。

第三，"把"替代"将"是唐诗格律平仄的需要。因此，各种处置式"把"字句是在《全唐诗》中产生的，并在隋唐之后逐渐向散文体扩散。《全唐诗》中有 113 个处置式"把"字句，隋唐五代俗文学中却没有一个处置式"把"字句，这可以作为有力的证据。

第四，"把"能够替代"将"，把新型"将"字句转化为新型"把"字句，以存在与新型"将"字句同构（虽然语义不同）的"把"字句为前提。由于存在与"将"前置处置式同构的宾语格"把"字句，用"把"替代"将"前置处置式的"将"，就形成了处置式"把"字句。又因同构联系不适用于多种结构的"将"后置处置式，故不存在"把"后置处置式。

结　语

本书是有关先秦至隋唐"将"字句的历时研究，试图解决的中心问题是：隋唐期间的各类新型"将"字句是怎样产生的？

通过在先秦至隋唐的经典文献中追踪"将"的词义、"将"的词义演变的轨迹、"将"的词义演变与各种"将"字句结构之间的联系，对相关语言现象进行分析、统计与综合概括，得出以下主要结论：

第一，本书的研究表明，在先秦典籍中"将"的词义与用法具有《诗经》与《左传》两个不同的传统。本书把《毛传》注释的"将"在《诗经》中的词义与用法概括为广义的使动用法中的使役义动词，而"将"在《左传》中为简单及物动词，但在少数例句中保留了狭义的使役义。

自汉朝至南北朝，在汉语主要典籍中难以寻觅"将"在《诗经》中的词义与用法的传统，将近千年期间，"将"在汉语典籍中的词义与用法主要继承的是《左传》中的传统，而这一传统与隋唐出现的新型"将"字句在语义上几乎没有关联。

第二，本书提出了"将"的词义演变的词析法与句析法两种方式。自先秦开始，"将"的词义便以词析法与句析法两种方式演变。如在《诗经》中已有通过句析法形成的数个早期致使式与处置式例句。而在汉朝至南北朝期间，在《左传》的基础上，"将"的狭义使役义以句析法的方式形成了"将"连谓使役式。在南北朝期间，"将"主要在诗歌中以词析法的方式形成了具有狭义使役义的数个"将"后置处置式例句。

第三，本书提出，隋唐期间出现的各类新型"将"字句不是一个纯粹的语言演变的结果，而是来自科举制度在隋唐期间的产生与发展对汉语诗歌写作的影响，《诗经》为隋唐科举中明经科的考试经典之一，《毛诗正义》为诠释《诗经》的标准答案，诗赋写作成为进士科的必考文体，由此导致了"将"在《诗经》中的广义使役义与使动用法在《全唐诗》中的全面复活，为隋唐新型"将"字句的产生奠定了语义基础。

第四，本书证实，隋唐时期出现了两大类语义相同类型不同的新型"将"

字句,即"将"前置处置式与"将"后置处置式。这两大类处置式"将"字句是隋唐诗人们在《全唐诗》中分别采用句析法与词析法,解析与重新表述"将"在《诗经》中作使动用法时所具有的广义使役义所带来的结果。

第五,隋唐期间《全唐诗》中的处置式"把"字句,即"把"替代了"将"的"将"前置处置式。"把"在"将"前置处置式中替代"将"并形成处置式"把"字句,来自苛求平仄的律诗写作的需要。而"把"能够在"将"前置处置式中替代"将",则受到多种因素的影响,并以存在着与"将"前置处置式结构相同的宾语格"把"字句为前提。《全唐诗》中有100多个处置式"把"字句,而在隋唐五代文的散文体中,我们没有发现一个处置式"把"字句的例句。

第六,从"将"字句形成的角度来看,虽然致使式与"将"前置处置式都具有广义的使役义,但仍然是两种不同的"将"字句。致使式"将"字句为典型的使役义连动句,在致使式"将"字句中,"将"为致使义动词。而在"将"前置处置式中,"将"为词义虚化了的介词,其语法功能既不是提宾,也不是引出受事,而是在施事与受事之间代表抽象的使役关系,语句中的动词短语则是具体的使役关系的展开。在现代处置式"把"字句中,"把"的词义、词性与语法功能均与"将"前置处置式中的"将"相同。

第七,本书还有某些新的发现,如致使式"将"字句产生在前,现代处置式"把"字句的前身"将"前置处置式产生于后,后者是在前者的基础上发展起来的。如各类新型"将"字句先在《全唐诗》中产生,然后,逐渐缓慢地向隋唐五代文扩散等。

第八,《全唐诗》中的处置式"把"字句在什么朝代从诗歌体裁扩散到散文体裁,"把"字句在什么朝代、在什么体裁中全面替代"将"字句,隋唐"将"后置处置式为何会在宋朝之后从汉语中逐渐消失,本书概括的词析法与句析法是仅仅适合于"将"的词义演变的方式与途径,还是在汉语中具有更加一般的意义,能否有助于解释其他介词的演变过程,这都是值得进一步研究的问题。

参考文献

[1] Crowley, T. Serial Verbs in Paamese[J]. Studies in Language, 1987(11): 35-84.

[2] Dixon, R. M. W. A Typology of Causatives: Form, Syntax and Meaning [M]. In R. M. W. Dixon, & A. Y. Aikhenvald (Eds.), Changing Valence: Case Studies in Transitivity. New York: Cambridge University Press. 2000: 31-83.

[3] Lord, C. Causative Constructions in Yoruba[C]. Studies in African Linguistics, 1974(5): 195-204.

[4] P. Bennett, The Evolution of Passive and Disposal Sentence[J]. Journal of Chinese Linguistics, 1981, 9(1), 61-90.

[5] Thomas E. Payne Describing Morphosyntax: A Guide for Field Linguists [M]. Cambridge University Press, 1997.

[6] A. 贝罗贝. 早期"把"字句的几个问题[J]. 语文研究, 1989（1）: 1-9.

[7] 崔希亮. "把"字句的若干句法语义问题[J]. 世界汉语教学, 1995（03）: 12-21.

[8] 董秀芳. 从词汇化的角度看粘合式动补结构的性质[J]. 语言科学, 2007（01）: 40-47.

[9] 刁晏斌. "把"字句的产生和演变[D]. 吉林大学研究生论文集刊（社科版）, 1986（02）.

[10] 丁崇明. 现代汉语语法教程[M]. 北京：北京大学出版社, 2009.

[11] 范晓. 论"致使"结构[C]//语法研究与探索（10）. 北京：商务印书馆, 2000.

[12] 范晓. 汉语的句子类型[M]. 太原：书海出版社, 1998.

[13] 叶向阳. "把"字句的致使性解释[J]. 北京：世界汉语教学, 2004（02）: 25-39.

[14] 蒋绍愚. 把字句略论——兼论功能扩展[J]. 北京：中国语文，1997（04）：298-304.

[15] 蒋绍愚.《元曲选》中的把字句——把字句再论[J]. 语言研究，1999（01）：1-10.

[16] 金立鑫."把"字句的句法、语义、语境特征[J]. 北京：中国语文，1997（06）：415-423.

[17] 李临定. 动词的宾语和结构的宾语[J]. 语言教学与研究，1984（03）：103-114.

[18] 李临定. 汉语比较变换语法[M]. 北京：中国社会科学出版社，1988.

[19] 李佐丰. 先秦汉语中的自动词及其使动用法[M]//语言学论丛（第十辑）. 北京：商务印书馆，1983：117-144.

[20] 李翠翠.《全元散曲》处置式研究[D]. 大连：辽宁师范大学，2008.

[21] 吕文华."把"字句的语义类型[J]. 汉语学习，1994（04）：26-28.

[22] 傅璇琮. 唐代科举与文学[M]. 西安：陕西人民出版社，2007.

[23] 蒋冀骋，吴福祥. 近代汉语纲要[M]. 长沙：湖南教育出版社，1997.

[24] 兰宾汉. 谈一种新的把字句兼及把字句的定义[J]. 陕西师大学报（哲学社会科学版），1992，21（01）：69-72.

[25] 黎锦熙. 新著国语文法[M]. 长沙：湖南教育出版社，2007.

[26] 李学勤. 毛诗正义[M]. 北京：北京大学出版社，1999.

[27] 刘毓庆，李蹊注. 诗经[M]. 北京：中华书局，2011.

[28] 吕叔湘. 把字用法的研究[M]//汉语语法论文集（增订本）. 北京：商务印书馆，1984.

[29] 梅祖麟. 唐宋处置式的来源[J]. 中国语文，1990（03）：197-202.

[30] 梅祖麟. 从汉代的"动，杀"，"动，死"来看动补结构的发展——兼论中古时期起词的施受关系的中立化[J]. 语言学论丛，1991（16）：112-136.

[31] 裴学海. 古书虚字集释[M]. 北京：中华书局，2004.

[32] 石毓智. 语法化的动因与机制[M]. 北京：北京大学出版社，2006.

[33] 吴福祥. 敦煌变文语法研究[M]. 长沙：岳麓书社，1996.

[34] 吴宗国. 唐代科举制度研究[M]. 沈阳：辽宁大学出版社，1992.

[35] 邵敬敏，赵春利."致使把字句"和"省隐被字句"及其语用解释[J]. 汉语学习，2005（04）：11-18.

[36] 沈阳. 名词短语的多重移位形式及把字句的构造过程与语义解释[J]. 中国语文，1997（06）：402-414..

[37] 宋玉柱. 关于"把"字句的两个问题[J]. 语文研究，1981（02）：39-43..

[38] 吴福祥. 再论处置式的来源[J]. 语文研究，2003（03）：1-14.

[39] 温志国.《儿女英雄传》中的把字句研究[D]. 西安：陕西师范大学，2008.

[40] 薛凤生. 试论"把"字句的语义特性[J]. 语言教学与研究，1987（01）：4-22.

[41] 席留生. "把"字句的认知研究[D]. 开封：河南大学，2008.

[42] 王力. 中国现代语法[M]. 北京：商务印书馆，1985.

[43] 王力. 汉语语法史[M]. 北京：商务印书馆，1989.

[44] 王力. 中国语言学史[M]. 上海：复旦大学出版社，2006.

[45] 王力. 王力古汉语字典[M]. 北京：中华书局，2000.

[46] 谢青，汤德用. 中国考试制度史[M]. 合肥：黄山书社，1995.

[47] ［东汉］）许慎撰，［清］段玉裁注. 说文解字注[M]. 上海；上海古籍出版社，1988.

[48] 徐中舒. 汉语大字典[M]. 第2版. 四川出版集团、四川辞书出版社、湖北长江出版集团、崇文出书，2010.

[49] 赵元任. 赵元任全集[M]. 第1卷. 北京：商务印书馆，2007.

[50] 宗福邦，陈世铙，萧海波. 故训汇纂[M]. 北京：商务印书馆，2003.

[51] 朱壁莲，沈海波. 世语新说[M]. 北京：中华书局，2011.

[52] 朱德熙. 现代汉语语法研究[M]. 北京：商务印书馆，2001.

[53] 朱德熙. 语法讲义[M]. 北京：商务印书馆，1982.

[54] 张伯江. 论"把"字句的句式语义[J]. 语言研究，2000（01）：28-40.

[55] 张丽丽. 试论促使"将""把"虚化的因素[J]. 台湾：台大文史哲学报，2001（55）：295-338.

[56] 张旺熹. "把字结构"的语义及其语用分析[J]. 语言教学与研究，1991（03）：88-103.

[57] 祝敏彻. 论初期处置式[J]. 语言学论丛，1957（01）：17-33.

[58] 祝敏彻. 先秦两汉时期的动词补语[J]. 语言学论丛，1958（02）：17-30.

[59] 祝敏彻. 使成式的起源和发展[J]. 兰州大学学报（社会科学版），1963（02）：57-71.

[60] 祝敏彻. 再谈使成式（动结式）的产生时代[J]. 古汉语研究，2003

（02）：37-38.

　　[61] 祝敏彻.近代汉语研究[M].北京：商务印书馆，1992.

　　[62] 语料库在线：http://www.cncorpus.org/ 教育部语言文字应用研究所，2011-2020.

　　　　引用日期：2012-2018

　　　　《尚书》《礼记》《仪礼》《周礼》《诗经》《左传》《史记》《汉书》
　　　　《世说新语》《全唐诗》《敦煌变文集新书》等